Les Rêveries du promeneur solitaire

JEAN-JACQUES ROUSSEAU

1852

TABLE DES MATIERES

PROMENADE I

Me voici donc seul sur la terre, n'ayant plus de frere, de prochain, d'ami, de société que moi-même. Le plus sociable et le plus aimant des humains en a été proscrit par un accord unanime. Ils ont cherché dans les rafinemens de leur haine quel tourment pouvoit être le plus cruel à mon ame sensible, et ils ont brisé violemment tous les liens qui m'attachoient à eux. J'aurois aimé les hommes en dépit d'eux-mêmes. Ils n'ont pu qu'en cessant de l'être se dérober à mon affection. Les voilà donc étrangers, inconnus, nuls enfin pour moi puisqu'ils l'ont voulu. Mais moi, détaché d'eux et de tout, que suis-je moi-même ? Voilà ce qui me reste à chercher. Malheureusement cette recherche doit être précédée d'un coup-d'œil sur ma position. C'est une idée par laquelle il faut nécessairement que je passe, pour arriver d'eux à moi.

Depuis quinze ans et plus que je suis dans cette étrange position, elle me paroît encore un rêve. Je m'imagine toujours qu'une indigestion me tourmente, que je dors d'un mauvais sommeil et que je vais me réveiller bien soulagé de ma peine en me retrouvant avec mes amis. Oui, sans doute, il faut que jaye fait sans que je m'en aperçusse un saut de la veille au sommeil, ou plutôt de la vie à la mort. Tiré je ne sais comment de l'ordre des choses, je me suis vu précipité dans un cahos incompréhensible où je n'apperçois rien du tout ; et plus je pense à ma situation présente, et moins je puis comprendre où je suis.

Eh ! Comment aurois-je pu prévoir le destin qui m'attendoit ? Comment le puis-je concevoir encore aujourd'hui que j'y suis livré ? Pouvois-je dans mon bon sens supposer qu'un jour, moi le même homme que j'étois, le même que je suis encore, je passerois, je serois tenu sans le moindre doute pour un monstre, un empoisonneur, un assassin, que je deviendrois l'horreur de la race humaine, le jouet de la canaille, que toute la salutation que me feroient les passans seroient de cracher sur moi ; qu'une génération toute entiere s'amuseroit d'un accord unanime à m'enterrer tout vivant ? Quand cette étrange révolution se fit, pris au dépourvu, j'en fus d'abord bouleversé. Mes agitations, mon indignation me plongerent dans un délire qui n'a pas eu trop de dix ans pour se calmer, et dans cet intervalle, tombé d'erreur en erreur, de faute en faute, de sottise en sottise, j'ai fourni par mes imprudences aux directeurs de ma destinée autant d'instrumens qu'ils ont habilement mis en œuvre pour la fixer sans retour.

Je me suis débattu long-tems aussi violemment que vainement. Sans adresse, sans art, sans dissimulation, sans prudence, franc, ouvert impatient, emporté, je n'ai fait en me débattant que m'enlacer davantage, et leur donner incessamment de nouvelles prises qu'ils n'ont eu garde de négliger. Sentant enfin tous mes efforts inutiles et me tourmentant à pure perte, j'ai pris le seul parti qui me restoit à prendre, celui de me soumettre à ma destinée sans plus regimber contre la nécessité. J'ai trouvé dans cette résignation le dédommagement de tous mes maux par la tranquillité qu'elle me procure, et qui ne pouvoit s'allier avec le travail continuel d'une résistance aussi pénible qu'infructueuse.

Une autre chose a contribué à cette tranquillité. Dans tous les rafinemens de leur haine, mes persécuteurs en ont omis un que leur animosité leur a fait oublier ; c'étoit d'en graduer si bien les effets, qu'ils pussent entretenir et renouveller mes douleurs sans cesse, en me portant toujours quelque nouvelle atteinte. S'ils avoient eu l'adresse de me laisser quelque lueur d'espérance, ils me tiendroient encore par-là. Ils pourroient faire encore de moi leur jouet par quelque faux leurre, et me navrer ensuite d'un tourment toujours nouveau par mon attente déçue. Mais ils ont d'avance épuisé toutes leurs ressources ; en ne me laissant rien ils se sont tout ôté à eux-mêmes. La diffamation, la dépression, la dérision, l'opprobre dont ils m'ont couvert ne sont pas plus susceptibles d'augmentation que d'adoucissement ; nous sommes également hors d'état, eux de les aggraver, et moi de m'y soustraire. Ils se sont tellement pressés de porter à son comble la mesure de ma misere, que toute la puissance humaine, aidée de toutes les ruses de l'enfer, n'y sauroit plus rien ajouter. La douleur physique elle-même au lieu d'augmenter mes peines y feroit diversion. En m'arrachant des cris, peut-être, elle m'épargneroit des gémissemens, et les déchiremens de mon corps suspendroient ceux de mon cœur.

Qu'ai-je encore à craindre d'eux puisque tout est fait ? Ne pouvant plus empirer mon état, ils ne sauroient plus m'inspirer d'alarmes. L'inquiétude et l'effroi sont des maux dont ils m'ont pour jamais délivré : c'est toujours un soulagement. Les maux réels ont sur moi peu de prise ; je prends aisément mon parti sur ceux que j'éprouve, mais non pas sur ceux que je crains. Mon imagination effarouchée les combine, les retourne, les étend et les augmente. Leur attente me tourmente cent fois plus que leur présence, et la menace m'est plus terrible que le coup. Si-tôt qu'ils arrivent, l'événement leur ôtant tout ce qu'ils avoient d'imaginaire, les réduit à leur juste valeur. Je les trouve alors beaucoup moindres que je ne me les étois figurés, et même au milieu de ma souffrance, je ne laisse pas de me sentir soulagé. Dans cet état, affranchi de toute nouvelle crainte et délivré de l'inquiétude, de l'espérance, la seule habitude suffira pour me rendre de jour en jour plus insupportable une situation que rien ne peut empirer, et à mesure que le sentiment s'en émousse par la durée, ils n'ont plus de moyens pour le ranimer. Voilà le bien que m'ont fait mes persécuteurs en épuisant sans mesure tous les traits de leur animosité. Ils se sont ôté sur moi tout empire, et je puis désormais me moquer d'eux.

Il n'y a pas deux mois encore qu'un plein calme est rétabli dans mon cœur. Depuis long-tems je ne craignois plus rien ; mais j'espérois encore, et cet espoir tantôt bercé, tantôt frustré, étoit une prise par laquelle mille passions diverses ne cessoient de m'agiter. Un événement aussi triste qu'imprévu vient enfin d'effacer de mon cœur ce foible rayon d'espérance, et m'a fait voir ma destinée fixée à jamais sans retour ici-bas. Dès-lors je me suis résigné sans réserve, et j'ai retrouvé la paix.

Si-tôt que j'ai commencé d'entrevoir la trame dans toute son étendue, j'ai perdu pour jamais l'idée de ramener de mon vivant le public sur mon compte, et même ce retour ne pouvant plus être réciproque me seroit désormais bien inutile. Les hommes auroient beau revenir à moi, ils ne me retrouveroient plus. Avec le dédain qu'ils m'ont inspiré, leur commerce me seroit insipide et même à charge, et je suis cent fois plus heureux dans ma solitude, que je ne pourrois l'être en vivant avec eux. Ils ont arraché de mon cœur toutes les douceurs de la société. Elles n'y pourroient plus germer derechef à mon âge ; il est trop tard. Qu'ils me fassent désormais du bien ou du mal tout m'est indifférent de leur part, et quoi qu'ils fassent, mes contemporains ne seront jamais rien pour moi.

Mais je comptois encore sur l'avenir, et j'espérois qu'une génération meilleure, examinant mieux et les jugemens portés par celle-ci sur mon compte, et sa conduite avec moi, démêleroit aisément l'artifice de ceux qui la dirigent, et me verroit enfin tel que je suis. C'est cet espoir qui m'a fait écrire mes Dialogues, et qui m'a suggéré mille folles tentatives pour les faire passer à la postérité. Cet espoir, quoiqu'éloigné, tenoit mon ame dans la même agitation que quand je cherchois encore dans le siecle un cœur juste, et mes espérances que j'avois beau jetter au loin me rendoient également le jouet des hommes d'aujourd'hui. J'ai dit dans mes Dialogues sur quoi je fondais cette attente. Je me trompais. Je l'ai senti par bonheur assez à tems pour trouver encore avant ma derniere heure un intervalle de pleine quiétude, et de repos absolu. Cet intervalle a commencé à l'époque dont je parle, et j'ai lieu de croire qu'il ne sera plus interrompu.

Il se passe bien peu de jours que de nouvelles réflexions ne me confirment combien j'étois dans l'erreur de compter sur le retour du public, même dans un autre âge ; puisqu'il est conduit dans ce qui me regarde par des guides qui se renouvellent sans cesse dans les Corps qui m'ont pris en aversion. Les particuliers meurent ; mais les Corps collectifs ne meurent point. Les mêmes passions s'y perpétuent, et leur haine ardente, immortelle comme le démon qui l'inspire, a toujours la même activité. Quand tous mes ennemis particuliers seront morts, les Médecins, les Oratoriens vivront encore, et quand je n'aurois pour persécuteurs que ces deux Corps-là, je dois être sûr qu'ils ne laisseront pas plus de paix à ma mémoire après ma mort, qu'ils n'en laissent à ma personne de mon vivant. Peut-être, par trait de tems, les Médecins que j'ai réellement offensés pourroient-ils s'apaiser : mais les Oratoriens que j'aimois, que j'estimois, en qui j'avois toute confiance et que je n'offensai jamais, les Oratoriens gens d'église et demi-moines, seront à jamais implacables, leur propre iniquité fait mon crime que leur amour-propre ne me pardonnera jamais et le public dont ils auront soin d'entretenir et ranimer l'animosité sans cesse, ne s'appaisera pas plus qu'eux. Tout est fini pour moi sur la terre. On ne peut plus m'y faire ni bien ni mal. Il ne me reste plus rien à espérer ni à craindre en ce monde, et m'y voilà tranquille au fond de l'abyme, pauvre mortel infortuné, mais impassible comme Dieu même.

Tout ce qui m'est extérieur, m'est étranger désormais. Je n'ai plus en ce monde ni prochain, ni semblables, ni freres. Je suis sur la terre comme dans une planete étrangere où je serois tombé de celle que j'habitois. Si je reconnois autour de moi quelque chose, ce ne sont que des objets affligeans et déchirans pour mon cœur, et je ne peux jetter les yeux sur ce qui me touche et m'entoure sans y trouver toujours quelque sujet de dédain qui m'indigne, ou de douleur qui m'afflige Écartons donc de mon esprit tous les pénibles objets dont je m'occuperois aussi douloureusement qu'inutilement. Seul pour le reste de ma vie, puisque je ne trouve qu'en moi la consolation, l'espérance et la paix, je ne dois ni ne veux plus m'occuper que de moi. C'est dans cet état que je reprends la suite de l'examen sévere et sincere que j'appellai jadis mes Confessions. Je consacre mes derniers jours à m'étudier moi-même et à préparer d'avance le compte que je ne tarderai pas à rendre de moi. Livrons-nous tout entier à la douceur de converser avec mon ame, puisqu'elle est la seule que les hommes ne puissent m'ôter. Si à force de réfléchir sur mes dispositions intérieures, je parviens à les mettre en meilleur ordre et à corriger le mal qui peut y rester, mes méditations ne seront pas entièrement inutiles, et quoique je ne sois plus bon à rien sur la terre, je n'aurai pas tout-à-fait perdu mes derniers jours. Les loisirs de mes promenades journalieres ont souvent été remplis de contemplations charmantes, dont j'ai regret d'avoir perdu le souvenir. Je fixerai par l'écriture celles qui pourront me venir encore ; chaque fois que je les relirai m'en rendra la jouissance. J'oublierai mes malheurs, mes persécuteurs, mes opprobres, en songeant au prix qu'avoit mérité mon cœur.

Ces feuilles ne seront proprement qu'un informe journal de mes rêveries. Il y sera beaucoup question de moi, parce qu'un solitaire qui réfléchit s'occupe nécessairement beaucoup de lui-même. Du reste toutes les idées étrangeres qui me passent par la tête en me promenant, y trouveront également leur place. Je dirai ce que j'ai pensé tout comme il m'est venu, et avec aussi peu de liaison que les idées de la veille en ont d'ordinaire avec celles du lendemain. Mais il en résultera toujours une nouvelle connoissance de mon naturel et de mon humeur par celle des sentimens et des pensées, dont mon esprit fait sa pâture journaliere dans l'étrange état où je suis. Ces feuilles peuvent donc être regardées comme un appendice de mes Confessions, mais je ne leur en donne plus le titre, ne sentant plus rien à dire qui puisse le mériter. Mon cœur s'est purifié à la coupelle de l'adversité, et j'y trouve à peine en le sondant avec soin, quelque reste de penchant répréhensible. Qu'aurois-je encore à confesser quand toutes les affections terrestres en sont arrachées ? Je n'ai pas plus à me louer qu'à me blâmer : je suis nul désormais parmi les hommes, et c'est tout ce que je puis être, n'ayant plus avec eux de relation réelle, de véritable société. Ne pouvant plus faire aucun bien qui ne tourne à mal, ne pouvant plus agir sans nuire à autrui, ou à moi-même, m'abstenir est devenu mon unique devoir, et je le remplis autant qu'il est en moi. Mais dans ce désœuvrement du corps mon ame est encore active, elle produit encore des sentimens, des pensées, et sa vie interne et morale semble encore s'être accrue par la mort de tout intérêt terrestre et temporel. Mon corps n'est plus pour moi qu'un embarras, qu'un obstacle, et je m'en dégage d'avance autant que je puis.

Une situation si singuliere mérite assurément d'être examinée et décrite, et c'est à cet examen que je consacre mes derniers loisirs. Pour le faire avec succès il y faudroit procéder avec ordre et méthode : mais je suis incapable de ce travail et même il m'écarteroit de mon but qui est de me rendre compte des modifications de mon ame et de leurs successions. Je ferai sur moi-même à quelqu'égard, les opérations que font les physiciens sur l'air pour en connoître l'état journalier. J'appliquerai le barometre à mon ame, et ces opérations bien dirigées et long-tems répétées me pourroient fournir des résultats aussi sûrs que les leurs. Mais je n'étends pas jusque-là mon entreprise. Je me contenterai de tenir le régistre des opérations sans chercher à les réduire en système. Je fais la même entreprise que Montaigne, mais avec un but tout contraire au sien : car il n'écrivoit ses Essais que pour les autres, et je n'écris mes rêveries que pour moi. Si dans mes plus vieux jours, aux approches du départ, je reste, comme je l'espere, dans la même disposition où je suis, leur lecture me rappellera la douceur que je goûte à les écrire, et faisant renaître ainsi pour moi le tems passé, doublera pour ainsi dire mon existence. En dépit des hommes je saurai goûter encore le charme de la société, et je vivrai décrépit avec moi dans un autre âge, comme je vivrois avec un moins vieux ami.

J'écrivois mes premieres Confessions et mes Dialogues dans un souci continuel sur les moyens de les dérober aux mains rapaces de mes persécuteurs, pour les transmettre, s'il étoit possible à d'autres générations. La même inquiétude ne me tourmente plus pour cet écrit, je sais qu'elle seroit inutile, et le desir d'être mieux connu des hommes s'étant éteint dans mon cœur, n'y laisse qu'une indifférence profonde sur le sort et de mes vrais écrits, et des monumens de mon innocence, qui déjà peut-être ont été tous pour jamais anéantis. Qu'on épie ce que je fais, qu'on s'inquiete de ces feuilles, qu'on s'en empare, qu'on les supprime, qu'on les falsifie, tout cela m'est égal désormais. Je ne les cache ni ne les montre. Si on me les enleve de mon vivant, on ne m'enlevera ni le plaisir de les avoir écrites, ni le souvenir de leur contenu, ni les méditations solitaires dont elles sont le fruit, et dont la source ne peut ne s'éteindre qu'avec mon ame. Si dès mes premieres calamités j'avois su ne point regimber contre ma destinée, et prendre le parti que je prends aujourd'hui, tous les efforts des hommes, toutes leurs épouvantables machines eussent été sur moi sans effet, et ils n'auroient pas plus troublé mon repos par toutes leurs trames, qu'ils ne peuvent le troubler désormais par tous leurs succès ; qu'ils jouissent à leur gré de mon opprobre, ils ne m'empêcheront pas de jouir de mon innocence et d'achever mes jours en paix malgré eux.

PROMENADE II

Ayant donc formé le projet de décrire l'état habituel de mon ame dans la plus étrange position où se puisse jamais trouver un mortel, je n'ai vu nulle maniere plus simple et plus sure d'exécuter cette entreprise, que de tenir un régistre fidelle de mes promenades solitaires et des rêveries qui les remplissent, quand je laisse ma tête entiérement libre, et mes idées suivre leur pente sans résistance et sans gêne. Ces heures de solitude et de méditation sont les seules de la journée, où je sois pleinement moi, et à moi sans diversion, sans obstacle, et où je puisse véritablement dire être ce que la nature a voulu.

J'ai bientôt senti que j'avois trop tardé d'exécuter ce projet. Mon imagination déjà moins vive, ne s'enflamme plus comme autrefois à la contemplation de l'objet qui l'anime, je m'enivre moins du délire de la rêverie ; il y a plus de réminiscence que de création dans ce qu'elle produit désormais, un tiede allanguissement énerve toutes mes facultés, l'esprit de vie s'éteint en moi par degrés ; mon ame ne s'élance plus qu'avec peine hors de sa caduque enveloppe, et sans l'espérance de l'état auquel j'aspire parce que je m'y sens avoir droit, je n'existerois plus que par des souvenirs. Ainsi pour me contempler moi-même avant mon déclin, il faut que je remonte au moins de quelques années au tems où perdant tout espoir ici-bas, et ne trouvant plus d'aliment pour mon cœur sur la terre, je m'accoutumois peu-à-peu à le nourrir de sa propre substance, et à chercher toute sa pâture au-dedans de moi.

Cette ressource, dont je m'avisai trop tard, devint si féconde qu'elle suffit bientôt pour me dédommager de tout. L'habitude de rentrer en moi-même me fit perdre enfin le sentiment et presque le souvenir de mes maux, j'appris ainsi par ma propre expérience que la source du vrai bonheur est en nous, et qu'il ne dépend pas des hommes de rendre vraiment misérable celui qui sait vouloir être heureux. Depuis quatre ou cinq ans je goûtois habituellement ces délices internes que trouvent dans la contemplation les ames aimantes et douces. Ces ravissemens, ces extases que j'éprouvois quelquefois en me promenant ainsi seul, étoient des jouissances que je devois à mes persécuteurs : sans eux, je n'aurois jamais trouvé ni connu les trésors que je portois en moi-même. Au milieu de tant de richesses, comment en tenir un régistre fidelle ? En voulant me rappeller tant de douces rêveries, au lieu de les décrire j'y retombois. C'est un état que son souvenir ramene, et qu'on cesseroit bientôt de connoître, en cessant tout-à-fait de le sentir.

J'éprouvai bien cet effet dans les promenades qui suivirent le projet d'écrire la suite de mes Confessions, sur-tout dans celle dont je vais parler, et dans laquelle un accident imprévu vint rompre le fil de mes idées, et leur donner pour quelque tems un autre cours.

Le jeudi 24 Octobre 1776, je suivis après dîné les boulevards jusqu'à la rue du Chemin-vert par laquelle je gagnois les hauteurs de Ménil-montant, et de-là, prenant les sentiers à travers les vignes et les prairies, je traversai jusqu'à Charonne le riant paysage qui sépare ces deux villages ; puis je fis un détour pour revenir par les mêmes prairies en prenant un autre chemin. Je m'amusois à les parcourir avec ce plaisir et cet intérêt que m'ont toujours donné les sites agréables, et m'arrêtant quelquefois à fixer des plantes dans la verdure. J'en aperçus deux que je voyois assez rarement autour de Paris, et que je trouvai très-abondantes dans ce canton-là. L'une est le Picris hieracioïdes de la famille des composées, et l'autre le Bupleurum falcatum de celles des ombelliferes. Cette découverte me réjouit et m'amusa très-long-tems, et finit par celle d'une plante encore plus rare, sur-tout dans un pays élevé, savoir le Cerastium aquaticum que, malgré l'accident qui m'arriva le même jour, j'ai retrouvé dans un livre que j'avois sur moi, et placé dans mon herbier.

Enfin après avoir parcouru en détail plusieurs autres plantes que je voyois encore en fleurs, et dont l'aspect et l'énumération qui m'étoit familiere me donnoit néanmoins toujours du plaisir, je quittai peu-à-peu ces menues observations pour me livrer à l'impression, non moins agréable, mais plus touchante que faisoit sur moi l'ensemble de tout cela. Depuis quelques jours on avoit achevé la vendange ; les promeneurs de la ville s'étoient déjà retirés ; les paysans aussi quittoient les champs jusqu'aux travaux d'hiver. La campagne, encore verte et riante, mais défeuillée en partie et déjà presque déserte, offroit par-tout l'image de la solitude et des approches de l'hiver. Il résultoit de son aspect un mélange d'impression douce et triste, trop analogue à mon âge et à mon sort, pour que je ne m'en fisse pas l'application. Je me voyois au déclin d'une vie innocente et infortunée, l'ame encore pleine de sentimens vivaces et l'esprit encore orné de quelques fleurs, mais déjà flétries par la tristesse et desséchées par les ennuis. Seul et délaissé je sentois venir le froid des premieres glaces, et mon imagination tarissante ne peuploit plus ma solitude d'êtres formés selon mon cœur. Je me disois en soupirant : qu'ai-je fait ici-bas ? J'étois fait pour vivre, et je meurs sans avoir vécu. Au moins ce n'a pas été ma faute, et je porterai à l'Auteur de mon être, sinon l'offrande des bonnes œuvres qu'on ne m'a pas laissé faire, du moins un tribut de bonnes intentions frustrées, de sentimens sains, mais rendus sans effet, et d'une patience à l'épreuve des mépris des hommes. Je m'attendrissois sur ces réflexions, je récapitulois les mouvemens de mon ame dès ma jeunesse, et pendant mon âge mûr, et depuis qu'on m'a séquestré de la société des hommes, et durant la longue retraite dans laquelle je dois achever mes jours. Je revenois avec complaisance sur toutes les affections de mon cœur, sur ses attachemens si tendres mais si aveugles, sur les idées moins tristes que consolantes dont mon esprit s'étoit nourri depuis quelques années, et je me préparois à les rappeler assez pour les décrire avec un plaisir presque égal à celui que j'avois pris à m'y livrer. Mon après-midi se passa dans ces paisibles méditations, et je m'en revenois très-content de ma journée, quand au fort de ma rêverie, j'en fus tiré par l'événement qui me reste à raconter.

J'étois sur les six heures à la descente de Ménil-montant, presque vis-à-vis du Galant Jardinier, quand des personnes qui marchoient devant moi, s'étant tout-à-coup brusquement écartées, je vis fondre sur moi un gros chien danois qui, s'élançant à toutes jambes devant un carrosse, n'eut pas même le tems de retenir sa course ou de se détourner quand il m'apperçut. Je jugeai que le seul moyen que j'avois d'éviter d'être jetté par terre, étoit de faire un grand saut si juste, que le chien passât sous moi tandis que je serois en l'air. Cette idée plus prompte que l'éclair, et que je n'eus le tems ni de raisonner ni d'exécuter, fut la derniere avant mon accident. Je ne sentis ni le coup ni la chûte, ni rien de ce qui s'ensuivit jusqu'au moment où je revins à moi.

Il étoit presque nuit quand je repris connoissance. Je me trouvai entre les bras de trois ou quatre jeunes gens qui me raconterent ce qui venoit de m'arriver. Le chien danois n'ayant pu retenir son élan s'étoit précipité sur mes deux jambes, et me choquant de sa masse et de sa vitesse, m'avoit fait tomber la tête en avant : la mâchoire supérieure portant tout le poids de mon corps, avoit frappé sur un pavé très-raboteux, et la chûte avoit été d'autant plus violente qu'étant à la descente, ma tête avoit donné plus bas que mes pieds.

Le carrosse auquel appartenoit le chien suivoit immédiatement, et m'auroit passé sur le corps, si le cocher n'eût à l'instant retenu ses chevaux. Voilà ce que j'appris par le récit de ceux qui m'avoient relevé, et qui me soutenoient encore lorsque je revins à moi. L'état auquel je me trouvai dans cet instant est trop singulier pour n'en pas faire ici la description. La nuit s'avançoit. J'apperçus le Ciel, quelques étoiles, et un peu de verdure. Cette première sensation fut un moment délicieux. Je ne me sentois encore que par là. Je naissois dans cet instant à la vie, et il me sembloit que je remplissois de ma légere existence tous les objets que j'appercevois. Tout entier au moment présent je ne me souvenois de rien ; je n'avois nulle notion distincte de mon individu, pas la moindre idée de ce qui venoit de m'arriver ; je ne savois ni qui j'étois, ni où j'étois ; je ne sentois ni mal, ni crainte, ni inquiétude. Je voyois couler mon sang, comme j'aurois vu couler un ruisseau, sans songer seulement que ce sang m'appartînt en aucune sorte. Je sentois dans tout mon être un calme ravissant, auquel chaque fois que je me le rappelle je ne trouve rien de comparable dans toute l'activité des plaisirs connus.

On me demanda où je demeurois ; il me fut impossible de le dire. Je demandai où j'étois ; on me dit, à la haute borne ; c'étoit comme si l'on m'eût dit au mont Atlas. Il fallut demander successivement le pays, la ville et le quartier où je me trouvois. Encore cela ne put-il suffire pour me reconnoître ; il me fallut tout le trajet de-là jusqu'au boulevard pour me rappeller ma demeure et mon nom. Un Monsieur que je ne connoissois pas et qui eut la charité de m'accompagner quelque tems, apprenant que je demeurois si loin, me conseilla de prendre au Temple un fiacre pour me reconduire chez moi. Je marchois très-bien, très-légérement, sans sentir ni douleur ni blessure, quoique je crachasse toujours beaucoup de sang. Mais j'avois un frisson glacial qui faisoit claquer d'une façon très-incommode mes dents fracassées. Arrivé au Temple, je pensai que puisque je marchois sans peine il valoit mieux continuer ainsi ma route à pied, que de m'exposer à périr de froid dans un fiacre. Je fis ainsi la demi-lieue qu'il y a du Temple à la rue Plâtriere, marchant sans peine évitant les embarras, les voitures, choisissant et suivant mon chemin tout aussi-bien que j'aurois pu faire en pleine santé. J'arrive, j'ouvre le secret qu'on a fait mettre à la porte de la rue, je monte l'escalier dans l'obscurité, et j'entre enfin chez moi sans autre accident que ma chûte et ses suites, dont je ne m'appercevois pas même alors.

Les cris de ma femme en me voyant, me firent comprendre que j'étois plus maltraité que je ne pensois. Je passai la nuit sans connoître encore et sentir mon mal. Voici ce que je sentis et trouvai le lendemain. J'avois la levre supérieure fendue en-dedans jusqu'au nez, en-dehors la peau l'avoit mieux garantie, et empêchoit la totale séparation, quatre dents enfoncées à la mâchoire supérieure, toute la partie du visage qui la couvre extrêmement enflée et meurtrie, le pouce droit foulé et très-gros, le pouce gauche griévement blessé, le bras gauche foulé, le genou gauche aussi très-enflé et qu'une contusion forte et douloureuse empêchoit totalement de plier. Mais avec tout ce fracas, rien de brisé, pas même une dent, bonheur qui tient du prodige dans une chûte comme celle-là.

Voilà très-fidellement l'histoire de mon accident. En peu de jours cette histoire se répandit dans Paris tellement changée et défigurée qu'il étoit impossible d'y rien reconnoître. J'aurois dû compter d'avance sur cette métamorphose ; mais il s'y joignit tant de circonstances bizarres ; tant de propos obscurs et de réticences l'accompagnerent ; on m'en parloit d'un air si risiblement discret que tous ces mysteres m'inquiéterent. J'ai toujours haï les ténebres, elles m'inspirent naturellement une horreur que celles dont on m'environne depuis tant d'années n'ont pas dû diminuer. Parmi toutes les singularités de cette époque je n'en remarquerai qu'une, mais suffisante pour faire juger des autres.

M. ***. avec lequel je n'avois eu jamais aucune relation, envoya son secrétaire s'informer de mes nouvelles, et me faire d'instantes offres de service qui ne me parurent pas dans la circonstance, d'une grande utilité pour mon soulagement. Son secrétaire ne laissa pas de me presser très-vivement de me prévaloir de ses offres, jusqu'à me dire que si je ne me fiois pas à lui, je pouvois écrire directement à M. ***. Ce grand empressement et l'air de confidence qu'il y joignit, me firent comprendre qu'il y avoit sous tout cela quelque mystere que je cherchois vainement à pénétrer. Il n'en falloit pas tant pour m'effaroucher sur-tout dans l'état d'agitation où mon accident et la fievre qui s'y étoit jointe avoit mis ma tête. Je me livrois à mille conjectures inquiétantes et tristes, et je faisois sur tout ce qui se passoit autour de moi, des commentaires qui marquoient plutôt le délire de la fievre, que le sang-froid d'un homme qui ne prend plus d'intérêt à rien.

Un autre événement vint achever de troubler ma tranquillité. Madame ***. m'avoit recherché depuis quelques années, sans que je pusse deviner pourquoi. De petits cadeaux affectés, de fréquentes visites sans objet et sans plaisir, me marquoient assez un but secret à tout cela, mais ne me le montroient pas. Elle m'avoit parlé d'un roman qu'elle vouloit faire pour le présenter à la Reine. Je lui avois dis ce que je pensois des femmes auteurs. Elle m'avoit fait entendre que ce projet avoit pour but le rétablissement de sa fortune, pour lequel elle avoit besoin de protection ; je n'avois rien à répondre à cela. Elle me dit depuis que n'ayant pu avoir accès auprès de la Reine, elle étoit déterminée à donner son livre au public. Ce n'étoit plus le cas de lui donner des conseils qu'elle ne me demandoit pas, et qu'elle n'auroit pas suivis. Elle m'avoit parlé de me montrer auparavant le manuscrit. Je la priai de n'en rien faire, et elle n'en fit rien.

Un beau jour durant ma convalescence, je reçus de sa part ce livre tout imprimé et même relié, et je vis dans la préface de si grosses louanges de moi, si maussadement plaquées et avec tant d'affectation que j'en fus désagréablement affecté. La rude flagornerie qui s'y faisoit sentir ne s'allia jamais avec la bienveillance ; mon cœur ne sauroit se tromper là-dessus.

Quelques jours après Madame ***. me vint voir avec sa fille. Elle m'apprit que son livre faisoit le plus grand bruit à cause d'une note qui le lui attiroit ; j'avois à peine remarqué cette note en parcourant rapidement ce roman. Je la relus après le départ de Madame *** ; j'en examinai la tournure, j'y crus trouver le motif de ses visites, de ses cajoleries, des grosses louanges de sa préface, et je jugeai que tout cela n'avoit d'autre but que de disposer le public à m'attribuer la note, et par conséquent le blâme qu'elle pouvoit attirer à son auteur dans la circonstance où elle étoit publiée.

Je n'avois aucun moyen de détruire ce bruit et l'impression qu'il pouvoit faire, et tout ce qui dépendoit de moi étoit de ne pas l'entretenir, en souffrant la continuation des vaines et ostensives visites de Madame ***. et de sa fille. Voici pour cet effet, le billet que j'écrivis à la mere.

« Rousseau ne recevant chez lui aucun auteur, remercie Madame ***. de ses bontés, et la prie de ne plus l'honorer de ses visites. »

Elle me répondit par une lettre honnête dans la forme, mais tournée comme toutes celles que l'on m'écrit en pareil cas. J'avois barbarement porté le poignard dans son cœur sensible, et je devois croire au ton de sa lettre qu'ayant pour moi des sentimens si vifs et si vrais, elle ne supporteroit point sans mourir cette rupture. C'est ainsi que la droiture et la franchise en toute chose, sont des crimes affreux dans le monde, et je paroîtrois à mes contemporains méchant et féroce, quand je n'aurois à leurs yeux d'autre crime que de n'être pas faux et perfide comme eux.

J'étois déjà sorti plusieurs fois et je me promenois même assez souvent aux Thuilleries, quand je vis à l'étonnement de plusieurs de ceux qui me rencontroient qu'il y avoit encore à mon égard quelqu'autre nouvelle que j'ignorois. J'appris enfin que le bruit public étoit, que j'étois mort de ma chûte ; et ce bruit se répandit si rapidement et si opiniâtrément que plus de quinze jours après que j'en fus instruit, l'on en parla à la Cour comme d'une chose sure. Le Courrier d'Avignon, à ce qu'on eut soin de m'écrire, annonçant cette heureuse nouvelle, ne manqua pas d'anticiper à cette occasion sur le tribut d'outrages et d'indignités qu'on prépare à ma mémoire après ma mort, en forme d'oraison funebre.

Cette nouvelle fut accompagnée d'une circonstance encore plus singuliere que je n'appris que par hasard, et dont je n'ai pu savoir aucun détail. C'est qu'on avoit ouvert en même-tems une souscription pour l'impression des manuscrits que l'on trouveroit chez moi. Je compris par là qu'on tenoit prêt un recueil d'écrits fabriqués tout exprès pour me les attribuer d'abord après ma mort : car de penser qu'on imprimât fidelement aucun de ceux qu'on pourroit trouver en effet, c'étoit une bêtise qui ne pouvoit entrer dans l'esprit d'un homme sensé, et dont quinze ans d'expérience ne m'ont que trop garanti.

Ces remarques, faites coup sur coup et suivies de beaucoup d'autres qui n'étoient gueres moins étonnantes, effaroucherent derechef mon imagination que je croyois amortie, et ces noires ténebres qu'on renforçoit sans relâche autour de moi, ranimerent toute l'horreur qu'elles m'inspirent naturellement. Je me fatiguai à faire sur tout cela mille commentaires, et à tâcher de comprendre des mysteres qu'on a rendus inexplicables pour moi. Le seul résultat constant de tant d'énigmes fut la confirmation de toutes mes conclusions précédentes, savoir, que la destinée de ma personne, et celle de ma réputation ayant été fixées de concert par toute la génération présente, nul effort de ma part ne pouvoit m'y soustraire, puisqu'il m'est de toute impossibilité de transmettre aucun dépôt à d'autres âges sans le faire passer dans celui-ci par des mains intéressées à le supprimer.

Mais cette fois j'allai plus loin. L'amas de tant de circonstances fortuites, l'élévation de tous mes plus cruels ennemis, affectée pour ainsi dire par la fortune, tous ceux qui gouvernent l'État, tous ceux qui dirigent l'opinion publique, tous les gens en place, tous les hommes en crédit triés comme sur le volet parmi ceux qui ont contre moi quelque animosité secrete, pour concourir au commun complot, cet accord universel est trop extraordinaire pour être purement fortuit. Un seul homme qui eût refusé d'en être complice, un seul événement qui lui eût été contraire, une seule circonstance imprévue qui lui eût fait obstacle, suffisoit pour le faire échouer. Mais toutes les volontés, toutes les fatalités, la fortune, et toutes les révolutions ont affermi l'œuvre des hommes, et un concours si frappant qui tient du prodige, ne peut me laisser douter que son plein succès ne soit écrit dans les décrets éternels. Des foules d'observations particulieres, soit dans le passé, soit dans le présent, me confirment tellement dans cette opinion, que je ne puis m'empêcher de regarder désormais comme un de ces secrets du Ciel impénétrables à la raison humaine, la même œuvre que je n'envisageois jusqu'ici que comme un fruit de la méchanceté des hommes.

Cette idée loin de m'être cruelle et déchirante, me console, me tranquillise, et m'aide à me résigner. Je ne vais pas si loin que St. Augustin qui se fût consolé d'être damné si telle eût été la volonté de Dieu. Ma résignation vient d'une source moins désintéressée, il est vrai, mais non moins pure et plus digne à mon gré de l'Être parfait que j'adore.

Dieu est juste ; il veut que je souffre ; et il sait que je suis innocent. Voilà le motif de ma confiance ; mon cœur et ma raison me crient qu'elle ne me trompera pas. Laissons donc faire les hommes et la destinée ; apprenons à souffrir sans murmure ; tout doit à la fin rentrer dans l'ordre, et mon tour viendra tôt ou tard.

PROMENADE III

Je deviens vieux en apprenant toujours.

Solon répétoit souvent ce vers dans sa vieillesse Il a un sens dans lequel je pourrois le dire aussi dans la mienne ; mais c'est une bien triste science que celle que depuis vingt ans l'expérience m'a fait acquérir : l'ignorance est encore préférable. L'adversité sans doute est un grand maître ; mais ce maître fait payer cher ses leçons, et souvent le profit qu'on en retire ne vaut pas le prix qu'elles ont coûté. D'ailleurs avant qu'on ait obtenu tout cet acquis par des leçons si tardives, l'à-propos d'en user se passe. La jeunesse est le tems d'étudier la sagesse ; la vieillesse est le tems de la pratiquer. L'expérience instruit toujours, je l'avoue ; mais elle ne profite que pour l'espace qu'on a devant soi. Est-il tems au moment qu'il faudroit mourir d'apprendre comment on auroit dû vivre ?
Eh que me servent des lumieres si tard et si douloureusement acquises sur ma destinée et sur les passions d'autrui dont elle est l'œuvre ! Je n'ai appris à mieux connoître les hommes que pour mieux sentir la misere où ils m'ont plongé, sans que cette connoissance en me découvrant tous leurs piéges m'en ait pu faire éviter aucun. Que ne suis-je resté toujours dans cette imbécile mais douce confiance qui me rendit durant tant d'années la proie et le jouet de mes bruyans amis, sans qu'enveloppé de toutes leurs trames j'en eusse même le moindre soupçon ! J'étois leur dupe et leur victime, il est vrai, mais je me croyois aimé d'eux, et mon cœur jouissoit de l'amitié qu'ils m'avoient inspirée en leur en attribuant autant pour moi. Ces douces illusions sont détruites. La triste vérité que le tems et la raison m'ont dévoilée, en me faisant sentir mon malheur, m'a fait voir qu'il étoit sans remede et qu'il ne me restoit qu'à m'y résigner. Ainsi toutes les expériences de mon âge sont pour moi dans mon état sans utilité présente, et sans profit

pour l'avenir.

Nous entrons en lice à notre naissance, nous en sortons à la mort. Que sert d'apprendre à mieux conduire son char quand on est au bout de la carriere ? Il ne reste plus à penser alors que comment on en sortira. L'étude d'un vieillard, s'il lui en reste encore à faire, est uniquement l'apprendre à mourir, et c'est précisément celle qu'on fait le moins à mon âge ; on y pense à tout, hormis à cela. Tous les vieillards tiennent plus à la vie que les enfans, et en sortent de plus mauvaise grace que les jeunes gens. C'est que tous leurs travaux ayant été pour cette vie, ils voient à sa fin qu'ils ont perdu leurs peines. Tous leurs soins, tous leurs biens, tous les fruits de leurs laborieuses veilles, ils quittent tout quand ils s'en font. Ils n'ont songé à rien acquérir durant leur vie qu'ils pussent emporter à leur mort.

Je me suis dit tout cela quand il étoit tems de ne le dire, et si je n'ai pas mieux su tirer parti de mes réflexions, ce n'est pas faute de les avoir faites à tems, et de les avoir bien digérées. Jetté dès mon enfance dans le tourbillon du monde, j'appris de bonne heure par l'expérience que je n'étois pas fait pour y vivre, et que je n'y parviendrois jamais à l'état dont mon cœur sentoit le besoin. Cessant donc de chercher parmi les hommes le bonheur que je sentois n'y pouvoir trouver, mon ardente imagination sautoit déjà par-dessus l'espace de ma vie, à peine commencée, comme sur un terrain qui m'étoit étranger, pour se reposer sur une assiette tranquille ou je pusse me fixer.

Ce sentiment, nourri par l'éducation dès mon enfance et renforcé durant toute ma vie par ce long tissu de miseres et d'infortunes qui l'a remplie, m'a fait chercher dans tous les tems à connoître la nature et la destination de mon être avec plus d'intérêt et de soin que je n'en ai trouvé dans aucun autre homme. J'en ai beaucoup vu qui philosophoient bien plus doctement que moi, mais leur philosophie leur étoit pour ainsi dire étrangere. Voulant être plus savans que d'autres, ils étudioient l'univers pour savoir comment il étoit arrangé, comme ils auroient étudié quelque machine qu'ils auroient apperçue, par pure curiosité. Ils étudioient la nature humaine pour en pouvoir parler savamment, mais non pas pour se connoître ; ils travailloient pour instruire les autres, mais non pas pour s'éclairer en-dedans. Plusieurs d'entr'eux ne vouloient que faire un livre, n'importoit quel, pourvu qu'il fût accueilli. Quand le leur étoit fait et publié, son contenu ne les intéressoit plus en aucune sorte, si ce n'est pour le faire adopter aux autres et pour le défendre au cas qu'il fût attaqué, mais du reste sans en rien tirer pour leur propre usage, sans s'embarrasser même que ce contenu fût faux ou vrai, pourvu qu'il ne fût pas réfuté. Pour moi quand j'ai desiré d'apprendre, c'étoit pour savoir moi-même et non pas pour enseigner ; j'ai toujours cru qu'avant d'instruire les autres il falloit commencer par savoir assez pour soi, et de toutes les études que j'ai tâché de faire en ma vie au milieu des hommes, il n'y en a gueres que je n'eusse faite également seul dans une isle déserte où j'aurois été confiné pour le reste de mes jours. Ce qu'on doit faire dépend beaucoup de ce qu'on doit croire, et dans tout ce qui ne tient pas aux premiers besoins de la nature, nos opinions sont la regle de nos actions. Dans ce principe qui fut toujours le mien, j'ai cherché souvent et long-tems pour diriger l'emploi de ma vie, à connoître sa véritable fin, et je me suis bientôt consolé de mon peu d'aptitude à me conduire habilement dans ce monde, en sentant qu'il n'y falloit pas chercher cette fin.

Né dans une famille où régnoient les mœurs et la piété, élevé ensuite avec douceur chez un ministre plein de sagesse et de religion, j'avois reçu dès ma plus tendre enfance des principes, des maximes, d'autres diroient des préjugés, qui ne m'ont jamais tout-à-fait abandonné. Enfant encore, et livré à moi-même, alléché par des caresses, séduit par la vanité, leurré par l'espérance, forcé par la nécessité, je me fis catholique ; mais je demeurai toujours chrétien, et bientôt gagné par l'habitude mon cœur s'attacha sincérement à ma nouvelle religion. Les instructions, les exemples-de Madame de Warens m'affermirent dans cet attachement. La solitude champêtre où j'ai passé la fleur de ma jeunesse, l'étude des bons livres à laquelle je me livrai tout entier, renforcerent auprès d'elle mes dispositions naturelles aux sentimens affectueux, et me rendirent dévot presque à la maniere de Fénelon. La méditation dans la retraite, l'étude de la nature, la contemplation de l'univers forcent un solitaire à s'élancer incessamment vers l'Auteur des choses, et à chercher avec une douce inquiétude la fin de tout ce qu'il voit et la cause de tout ce qu'il sent. Lorsque ma destinée me rejetta dans le torrent du monde, je n'y retrouvai plus rien qui pût flatter un moment mon cœur. Le regret de mes doux loisirs me suivit par-tout, et jetta l'indifférence et le dégoût sur tout ce qui pouvoit se trouver à ma portée, propre à mener à la fortune et aux honneurs. Incertain dans mes inquiets desirs, j'espérois peu, j'obtins moins, et je sentis dans des lueurs même de prospérité que quand j'aurois obtenu tout ce que je croyois chercher, je n'y aurois point trouvé ce bonheur dont mon cœur étoit avide sans en savoir démêler l'objet. Ainsi tout contribuoit à détacher mes affections de ce monde, même avant les malheurs qui devoient m'y rendre tout-à-fait étranger. Je parvins jusqu'à l'âge de quarante ans flottant entre l'indigence et la fortune, entre la sagesse et l'égarement, plein de vices d'habitude sans aucun mauvais penchant dans le cœur, vivant au hasard sans principes bien décidés par ma raison, et distrait sur mes devoirs sans les mépriser, mais souvent sans les bien connoître.

Dès ma jeunesse j'avois fixé cette époque de quarante ans comme le terme de mes efforts pour parvenir, et celui de mes prétentions en tout genre. Bien résolu, dès cet âge atteint et dans quelque situation que je fusse, de ne plus me débattre pour en sortir, et de passer le reste de mes jours à vivre au jour la journée sans plus m'occuper de l'avenir. Le moment venu, j'exécutai ce projet sans peine, et quoiqu'alors ma fortune semblât vouloir prendre une assiette plus fixe, j'y renonçai non-seulement sans regret mais avec un plaisir véritable. En me délivrant de tous ces leurres, de toutes ces vaines espérances, je me livrai pleinement à l'incurie et au repos d'esprit qui fit toujours mon goût le plus dominant et mon penchant le plus durable. Je quittai le monde et ses pompes, je renonçai à toutes parures, plus d'épée, plus de montre, plus de bas blancs, de dorure, de coiffure, une perruque toute simple, un bon gros habit de drap, et mieux que tout cela, je déracinai de mon cœur les cupidités et les convoitises qui donnent du prix à tout ce que je quittois. Je renonçai à la place que j'occupois alors, pour laquelle je n'étois nullement propre, et je me mis à copier de la musique à tant la page, occupation pour laquelle j'avois eu toujours un goût décidé.

Je ne bornai pas ma réforme aux choses extérieures. Je sentis que celle-là même en exigeoit une autre plus pénible sans doute, mais plus nécessaire dans les opinions, et résolu de n'en pas faire à deux fois, j'entrepris de soumettre mon intérieur à un examen sévere qui le réglât pour le reste de ma vie tel que je voulois le trouver à ma mort.

Une grande révolution qui venoit de se faire en moi, un autre monde moral qui se dévoiloit à mes regards, les insensés jugemens des hommes, dont sans prévoir encore combien j'en serois la victime, je commençois à sentir l'absurdité, le besoin toujours croissant d'un autre bien que la gloriole littéraire dont à peine la vapeur m'avoit atteint que j'en étois déjà dégoûté, le desir enfin de tracer pour le reste de ma carriere une route moins incertaine que celle dans laquelle j'en venois de passer la plus elle moitié, tout m'obligeoit à cette grande revue dont je sentois depuis long-tems le besoin. Je l'entrepris donc, et je ne négligeai rien de ce qui dépendoit de moi pour bien exécuter cette entreprise.

C'est de cette époque que je puis dater mon entier renoncement au monde, et ce goût vif pour la solitude, qui ne m'a plus quitté depuis ce temps-là. L'ouvrage que j'entreprenois ne pouvoit s'exécuter que dans une retraite absolue ; il demandoit de longues et paisibles méditations que le tumulte de la société ne souffre pas. Cela me força de prendre pour un tems une autre maniere de vivre dont ensuite je me trouvai si bien, que ne l'ayant interrompue depuis lors que par force et pour peu d'instans, je l'ai reprise de tout mon cœur et m'y suis borné sans peine, aussi-tôt que je l'ai pu, et quand ensuite les hommes m'ont réduit à vivre seul, j'ai trouvé qu'en me séquestrant pour me rendre misérable, ils avoient plus fait pour mon bonheur que je n'avois su faire moi-même.

Je me livrai au travail que j'avois entrepris avec un zele proportionné, et à l'importance de la chose et au besoin que je sentois en avoir. Je vivois alors avec des philosophes modernes qui ne ressembloient gueres aux anciens : au lieu de lever mes doutes et de fixer mes irrésolutions, ils avoient ébranlé toutes les certitudes que je croyois avoir sur les points qu'il m'importoit le plus de connoître : car, ardents missionnaires d'athéisme, et très-impérieux dogmatiques, ils n'enduroient point sans colere, que sur quelque point que ce pût être, on osât penser autrement qu'eux. Je m'étois défendu souvent assez foiblement par haine pour la dispute, et par peu de talent pour la soutenir ; mais jamais je n'adoptai leur désolante doctrine, et cette résistance, à des hommes aussi intolérans, qui d'ailleurs avoient leurs vues, ne fut pas une des moindres causes qui attiserent leur animosité.

Ils ne m'avoient pas persuadé, mais ils m'avoient inquiété. Leurs argumens m'avoient ébranlé, sans m'avoir jamais convaincu ; je n'y trouvois point de bonne réponse, mais je sentois qu'il y en devoit avoir. Je m'accusois moins d'erreur, que d'ineptie, et mon cœur leur répondoit mieux que ma raison.

Je me dis enfin ; me laisserai-je éternellement ballotter par les sophismes des mieux disans, dont je ne suis pas même sûr que les opinions qu'ils prêchent et qu'ils ont tant d'ardeur à faire adopter aux autres soient bien les leurs à eux-mêmes ? Leurs passions, qui gouvernent leur doctrine, leur intérêt de faire croire ceci ou cela, rendent impossible à pénétrer ce qu'ils croient eux-mêmes. Peut-on chercher de la bonne foi dans des chefs de parti ? Leur philosophie est pour les autres ; il m'en faudroit une pour moi. Cherchons-la de toutes mes forces tandis qu'il est tems encore, afin d'avoir une regle fixe de conduite pour le reste de mes jours. Me voilà dans la maturité de l'âge, dans toute la force de l'entendement. Déjà je touche au déclin. Si j'attends encore, je n'aurai plus dans ma délibération tardive l'usage de toutes mes forces ; mes facultés intellectuelles auront déjà perdu de leur activité ; je ferai moins bien ce que je puis faire aujourd'hui de mon mieux possible : saisissons ce moment favorable ; il est l'époque de ma réforme externe et matérielle, qu'il soit aussi celle de ma réforme intellectuelle et morale. Fixons une bonne fois mes opinions, mes principes, et soyons pour le reste de ma vie ce que j'aurai trouvé devoir être après y avoir bien pensé.

J'exécutai ce projet lentement et à diverses reprises, mais avec tout l'effort et toute l'attention dont j'étois capable. Je sentois vivement que le repos du reste de mes jours et mon sort total en dépendoient. Je m'y trouvai d'abord dans un tel labyrinthe d'embarras, de difficultés, d'objections, de tortuosités, de ténebres que vingt fois tenté de tout abandonner, je fus près, renonçant à de vaines recherches, de m'en tenir dans mes délibérations aux regles de la prudence commune, sans plus en chercher dans des principes que j'avois tant de peine à débrouiller. Mais cette prudence même m'étoit tellement étrangere, je me sentois si peu propre à l'acquérir que la prendre pour mon guide n'étoit autre chose que vouloir à travers les mers et les orages, chercher sans gouvernail, sans boussole, un fanal presque inaccessible, et qui ne m'indiquoit aucun port.

Je persistai : pour la premiere fois de ma vie j'eus du courage, et je dois à son succès d'avoir pu soutenir l'horrible destinée qui dès-lors commençoit à m'envelopper sans que j'en eusse le moindre soupçon. Après les recherches les plus ardentes et les plus sinceres qui jamais peut-être aient été faites par aucun mortel, je me décidai pour toute ma vie sur tous les sentimens qu'il m'importoit d'avoir, et si j'ai pu me tromper dans mes résultats, je suis sûr au moins que mon erreur ne peut m'être imputée à crime ; car j'ai fait tous mes efforts pour m'en garantir. Je ne doute point, il est vrai, que les préjugés de l'enfance et les vœux secrets de mon cœur n'aient fait pencher la balance du côté le plus consolant pour moi. On se défend difficilement de croire ce qu'on desire avec tant d'ardeur, et qui peut douter que l'intérêt d'admettre ou rejetter les jugemens de l'autre vie ne détermine la foi de la plupart des hommes sur leur espérance ou leur crainte ? Tout cela pouvoit fasciner mon jugement, j'en conviens, mais non pas altérer ma bonne foi : car je craignois de me tromper sur toute chose. Si tout consistoit dans l'usage de cette vie, il m'importoit de le savoir, pour en tirer du moins le meilleur parti qu'il dépendroit de moi tandis qu'il étoit encore tems et n'être pas tout-à-fait dupe. Mais ce que j'avois le plus à redouter au monde dans la disposition où je me sentois, étoit d'exposer le sort éternel de mon ame pour la jouissance des biens de ce monde, qui ne m'ont jamais paru d'un grand prix.

J'avoue encore que je ne levai pas toujours à ma satisfaction toutes ces difficultés qui m'avoient embarrassé, et dont nos philosophes avoient si souvent rebattu mes oreilles. Mais, résolu de me décider enfin sur des matieres où l'intelligence humaine a si peu de prise, et trouvant de toutes parts des mysteres impénétrables et des objections insolubles, j'adoptai dans chaque question le sentiment qui me parut le mieux établi directement, le plus croyable en lui-même, sans m'arrêter aux objections que je ne pouvois résoudre, mais qui se rétorquoient par d'autres objections non moins fortes dans le système opposé. Le ton dogmatique sur ces matieres ne convient qu'à des charlatans ; mais il importe d'avoir un sentiment pour soi, et de le choisir avec toute la maturité de jugement qu'on y peut mettre. Si malgré cela nous tombons dans l'erreur, nous n'en saurions porter la peine en bonne justice, puisque nous n'en aurons point la coulpe. Voilà le principe inébranlable qui sert de base à ma sécurité.

Le résultat de mes pénibles recherches, fut tel à-peu-près que je l'ai consigné depuis dans la profession de foi du Vicaire Savoyard, ouvrage indignement prostitué et profané dans la génération présente, mais qui peut faire un jour révolution parmi les hommes, si jamais il y renaît du bon sens et de la bonne foi.

Depuis lors, resté tranquille dans les principes que j'avois adoptés après une méditation si longue et si réfléchie, j'en ai fait la regle immuable de ma conduite et de ma foi, sans plus m'inquiéter ni des objections que je n'avois pu prévoir, et qui se présentoient nouvellement de tems à autre à mon esprit. Elles m'ont inquiété quelquefois, mais elles ne m'ont jamais ébranlé. Je me suis toujours dit : tout cela ne sont que des arguties et des subtilités métaphysiques, qui ne sont d'aucun poids auprès des principes fondamentaux adoptés par ma raison, confirmés par mon cœur, et qui tous portent le sceau de l'assentiment intérieur dans le silence des passions. Dans des matieres si supérieures à l'entendement humain, une objection que je ne puis résoudre, renversera-t-elle tout un corps de doctrine si solide, si bien liée, et formée avec tant de méditation et de soin, si bien appropriée à ma raison, à mon cœur, à tout mon être, et renforcée de l'assentiment intérieur que Je sens manquer à toutes les autres ? Non, de vaines argumentations ne détruiront jamais la convenance que j'aperçois entre ma nature immortelle et la constitution de ce monde, et l'ordre physique que j'y vois régner. J'y trouve dans l'ordre moral correspondant et dont le système est le résultat de mes recherches, les appuis dont j'ai besoin pour supporter les miseres de ma vie. Dans tout autre système je vivrois sans ressource, et je mourrois sans espoir. Je serois la plus malheureuse des créatures. Tenons-nous en donc à celui qui seul suffit pour me rendre heureux en dépit de la fortune et des hommes.

Cette délibération et la conclusion que j'en tirai ne semblent-elles pas avoir été dictées par le Ciel même pour me préparer à la destinée qui m'attendoit, et me mettre en état de la soutenir ? Que serois-je devenu, que deviendrois-je encore dans les angoisses affreuses qui m'attendoient et dans l'incroyable situation où je suis réduit pour le reste de ma vie, si, resté sans asyle où je pusse échapper à mes implacables persécuteurs, sans dédommagement des opprobres qu'ils me font essuyer en ce monde, et sans espoir d'obtenir jamais la justice qui m'étoit due, je m'étois vu livré tout entier au plus horrible sort qu'ait éprouvé sur la terre aucun mortel ? Tandis que, tranquille dans mon innocence je n'imaginois qu'estime et bienveillance pour moi parmi les hommes ; tandis que mon cœur ouvert et confiant s'épanchoit avec des amis et des freres, les traîtres m'enlaçoient en silence de rets forgés au fond des enfers. Surpris par les plus imprévus de tous les malheurs et les plus terribles pour une ame fiere, traîné dans la fange sans jamais savoir par qui ni pourquoi, plongé dans un abyme d'ignominie, enveloppé d'horribles ténèbres à travers lesquelles je n'apercevois que de sinistres objets, à la première surprise je fus terrassé, et jamais je ne serois revenu de l'abattement où me jetta ce genre imprévu de malheurs, si je ne m'étois ménagé d'avance des forces pour me relever dans mes chûtes.

Ce ne fut qu'après des années d'agitations que, reprenant enfin mes esprits et commençant de rentrer en moi-même, je sentis le prix des ressources que je m'étois ménagées pour l'adversité. Décidé sur toutes les choses dont il m'importoit de juger, je vis, en comparant mes maximes à ma situation, que je donnois aux insensés jugemens des hommes, et aux petits événemens de cette courte vie, beaucoup plus d'importance qu'ils n'en avoient. Que cette vie n'étant qu'un état d'épreuves, il importoit peu que ces épreuves fussent de telle ou telle sorte pourvu qu'il en résultât l'effet auquel elles étoient destinées, et que par conséquent plus les épreuves étoient grandes, fortes, multipliées, plus il étoit avantageux de les savoir soutenir. Toutes les plus vives peines perdent leur force pour quiconque en voit le dédommagement grand et sûr ; et la certitude de ce dédommagement étoit le principal fruit que j'avois retiré de mes méditations précédentes.

Il est vrai qu'au milieu des outrages sans nombre et des indignités sans mesure dont je me sentois accablé de toutes parts, des intervalles d'inquiétude et de doutes venoient de tems à autre ébranler mon espérance et troubler ma tranquillité. Les puissantes objections que je n'avois pu résoudre se présentoient alors à mon esprit avec plus de force, pour achever de m'abattre précisément dans les momens, où surchargé du poids de ma destinée, j'étois prêt à tomber dans le découragement. Souvent des argumens nouveaux que j'entendois faire me revenoient dans l'esprit à l'appui de ceux qui m'avoient déjà tourmenté. Ah ! me disois-je alors dans des serremens de cœur prêts à m'étouffer, qui me garantira du désespoir si dans l'horreur de mon sort je ne vois plus que des chimeres dans les consolations que me fournissoit ma raison ? si, détruisant ainsi son propre ouvrage, elle renverse tout l'appui d'espérance et de confiance qu'elle m'avoit ménagé dans l'adversité. Quel appui que des illusions qui ne bercent que moi seul au monde ? Toute la génération présente ne voit qu'erreurs et préjugés dans les sentimens dont je me nourris seul ; elle trouve la vérité, l'évidence dans le système contraire au mien ; elle semble même ne pouvoir croire que je l'adopte de bonne foi, et moi-même en m'y livrant de toute ma volonté, j'y trouve des difficultés insurmontables qu'il m'est impossible de résoudre et qui ne m'empêchent pas d'y persister. Suis-je donc seul sage, seul éclairé parmi les mortels ? Pour croire que les choses sont ainsi suffit-il qu'elles me conviennent ? Puis-je prendre une confiance éclairée en des apparences qui n'ont rien de solide aux yeux du reste des hommes, et qui me sembleroient illusoires à moi-même si mon cœur ne soutenoit pas ma raison ? N'eût-il pas mieux valu combattre mes persécuteurs à armes égales en adoptant leurs maximes, que de rester sur les chimeres des miennes en proie à leurs atteintes sans agir pour les repousser ? Je me crois sage, et je ne suis que dupe, victime et martyr d'une vaine erreur.

Combien de fois dans ces momens de doute et d'incertitude je fus prêt à m'abandonner au désespoir. Si jamais j'avois passé dans cet état un mois entier, c'étoit fait de ma vie et de moi. Mais ces crises, quoi qu'autrefois assez fréquentes, ont toujours été courtes, et maintenant que je n'en suis pas délivré tout-à-fait encore, elles sont si rares et si rapides, qu'elles n'ont pas même la force de troubler mon repos. Ce sont de légeres inquiétudes qui n'affectent pas plus mon ame, qu'une plume qui tombe dans la riviere ne peut altérer le cours de l'eau. J'ai senti que remettre en délibération les mêmes points sur lesquels je m'étois ci-devant décidé, étoit me supposer de nouvelles lumieres ou le jugement plus formé, ou plus de zele pour la vérité que je n'avois lors de mes recherches, qu'aucun de ces cas n'étant ni ne pouvant être le mien, je ne pouvois préférer par aucune raison solide, des opinions qui dans l'accablement du désespoir ne me tentoient que pour augmenter ma misere, à des sentimens adoptés dans la vigueur de l'âge, dans toute la maturité de l'esprit, après examen le plus réfléchi, et dans des tems où le calme de ma vie ne me laissoit d'autre intérêt dominant que celui de connoître la vérité. Aujourd'hui que mon cœur serré de détresse, mon ame affaissée par les ennuis, mon imagination effarouchée, ma tête troublée par tant d'affreux mysteres dont je suis environné, aujourd'hui que toutes mes facultés, affaiblies par la vieillesse et les angoisses ont perdu tout leur ressort, irai-je m'ôter à plaisir toutes les ressources que je m'étois ménagées, et donner plus de confiance à ma raison déclinante pour me rendre injustement malheureux, qu'à ma raison pleine et vigoureuse pour me dédommager des maux que je souffre sans les avoir mérités ? Non, je ne suis ni plus sage, ni mieux instruit, ni de meilleure foi que quand je me décidai sur ces grandes questions ; je n'ignorois pas alors les difficultés dont je me laisse troubler aujourd'hui ; elles ne m'arrêterent pas, et s'il s'en présente quelques nouvelles dont on ne s'étoit pas encore avisé, ce sont les sophismes d'une subtile métaphysique qui ne sauroient balancer les vérités éternelles admises de tous les tems, par tous les Sages, reconnues par toutes les nations, et gravées dans le cœur humain en caracteres ineffaçables. Je savois en méditant sur ces matieres que l'entendement humain circonscrit par les sens, ne les pouvoit embrasser dans toute leur étendue. Je m'en tins donc à ce qui étoit à ma portée sans m'engager dans ce qui la passoit. Ce parti étoit raisonnable, je l'embrassai jadis et m'y tins avec l'assentiment de mon cœur et de ma raison. Sur quel fondement y renoncerois-je aujourd'hui que tant de puissans motifs m'y doivent tenir attaché ? Quel danger vois-je à le suivre ? Quel profit trouverois-je à l'abandonner ? En prenant la doctrine de mes persécuteurs prendrois-je aussi leur morale ? Cette morale sans racine et sans fruit, qu'ils étalent pompeusement dans des livres ou dans quelque action d'éclat sur le théâtre, sans qu'il en pénetre jamais rien dans le cœur ni dans la raison ; ou bien cette autre morale secrete et cruelle, doctrine intérieure de tous leurs initiés, à laquelle l'autre ne sert que de masque, qu'ils suivent seule dans leur conduite, et qu'ils ont si habilement pratiquée à mon égard. Cette morale purement offensive, ne sert point à la défense, et n'est bonne qu'à l'agression. De quoi me serviroit-elle dans l'état où ils m'ont réduit ? Ma seule innocence me soutient dans les malheurs, et combien me rendrois-je plus malheureux encore, si m'ôtant cette unique mais puissante ressource, j'y substituois la méchanceté ? Les atteindrois-je dans l'art de nuire, et quand j'y réussirois, de quel mal me soulageroit celui que je leur pourrois faire ? Je perdrois ma propre estime, et je ne gagnerois rien à la place.

C'est ainsi que raisonnant avec moi-même je parvins à ne plus me laisser ébranler dans mes principes par des argumens captieux, par des objections insolubles, et par des difficultés qui passoient ma portée et peut-être celle de l'esprit humain. Le mien, restant dans la plus solide assiette que j'avois pu lui donner, s'accoutuma si bien à s'y reposer à l'abri de ma conscience, qu'aucune doctrine étrangere ancienne ou nouvelle ne peut plus l'émouvoir, ni troubler un instant mon repos. Tombé dans la langueur et l'appesantissement d'esprit, j'ai oublié jusqu'aux raisonnemens sur lesquels je fondois ma croyance et mes maximes ; mais je n'oublierai jamais les conclusions que j'en ai tirées avec l'approbation de ma conscience et de ma raison, et je m'y tiens désormais. Que tous les philosophes viennent ergoter contre : ils perdront leur tems et leurs peines. Je me tiens pour le reste de ma vie en toute chose, au parti que j'ai pris quand j'étois plus en état de bien choisir.

Tranquille dans ces dispositions, j'y trouve, avec le contentement de moi, l'espérance et les consolations dont j'ai besoin dans ma situation. Il n'est pas possible qu'une solitude aussi complete, aussi permanente, aussi triste en elle-même, l'animosité toujours sensible et toujours active de toute la génération présente, les indignités dont elle m'accable sans cesse, ne me jettent quelquefois dans l'abattement, l'espérance ébranlée, les doutes décourageans reviennent encore de tems à autre troubler mon ame et la remplir de tristesse. C'est alors qu'incapable des opérations de l'esprit nécessaires pour me rassurer moi-même, j'ai besoin de me rappeler mes anciennes résolutions, les soins, l'attention, la sincérité de cœur que j'ai mises à les prendre reviennent alors à mon souvenir et me rendent toute ma confiance. Je me refuse ainsi à toutes nouvelles idées comme à des erreurs funestes, qui n'ont qu'une fausse apparence, et ne sont bonnes qu'à troubler mon repos.

Ainsi retenu dans l'étroite sphere de mes anciennes connoissances, je n'ai pas, comme Solon, le bonheur de pouvoir m'instruire chaque jour en vieillissant, et je dois même me garantir du dangereux orgueil de vouloir apprendre ce que je suis désormais hors d'état de bien savoir. Mais s'il me reste peu d'acquisitions à espérer du côté des lumieres utiles, il m'en reste de bien importantes à faire du côté des vertus nécessaires à mon état. C'est-là qu'il seroit tems d'enrichir et d'orner mon ame d'un acquis qu'elle pût emporter avec elle, lorsque délivrée de ce corps qui l'offusque et l'aveugle, et voyant la vérité sans voile, elle apercevra la misere de toutes ces connoissances dont nos faux savans sont si vains. Elle gémira des momens perdus en cette vie à les vouloir acquérir. Mais la patience, la douceur, la résignation, l'intégrité, la justice impartiale, sont un bien qu'on emporte avec soi, et dont on peut s'enrichir sans cesse, sans craindre que la mort même nous en fasse perdre le prix. C'est à cette unique et utile étude que je consacre le reste de ma vieillesse. Heureux si par mes progrès sur moi-même j'apprends à sortir de la vie, non meilleur, car cela n'est pas possible, mais plus vertueux que je n'y suis entré !

PROMENADE IV

Je deviens vieux en apprenant toujours.

Solon répétoit souvent ce vers dans sa vieillesse Il a un sens dans lequel je pourrois le dire aussi dans la mienne ; mais c'est une bien triste science que celle que depuis vingt ans l'expérience m'a fait acquérir : l'ignorance est encore préférable. L'adversité sans doute est un grand maître ; mais ce maître fait payer cher ses leçons, et souvent le profit qu'on en retire ne vaut pas le prix qu'elles ont coûté. D'ailleurs avant qu'on ait obtenu tout cet acquis par des leçons si tardives, l'à-propos d'en user se passe. La jeunesse est le tems d'étudier la sagesse ; la vieillesse est le tems de la pratiquer. L'expérience instruit toujours, je l'avoue ; mais elle ne profite que pour l'espace qu'on a devant soi. Est-il tems au moment qu'il faudroit mourir d'apprendre comment on auroit dû vivre ?

Eh que me servent des lumieres si tard et si douloureusement acquises sur ma destinée et sur les passions d'autrui dont elle est l'œuvre ! Je n'ai appris à mieux connoître les hommes que pour mieux sentir la misere où ils m'ont plongé, sans que cette connoissance en me découvrant tous leurs piéges m'en ait pu faire éviter aucun. Que ne suis-je resté toujours dans cette imbécile mais douce confiance qui me rendit durant tant d'années la proie et le jouet de mes bruyans amis, sans qu'enveloppé de toutes leurs trames j'en eusse même le moindre soupçon ! J'étois leur dupe et leur victime, il est vrai, mais je me croyois aimé d'eux, et mon cœur jouissoit de l'amitié qu'ils m'avoient inspirée en leur en attribuant autant pour moi. Ces douces illusions sont détruites. La triste vérité que le tems et la raison m'ont dévoilée, en me faisant sentir mon malheur, m'a fait voir qu'il étoit sans remede et qu'il ne me restoit qu'à m'y résigner. Ainsi toutes les expériences de mon âge sont pour moi dans mon état sans utilité présente, et sans profit pour l'avenir.

Nous entrons en lice à notre naissance, nous en sortons à la mort. Que sert d'apprendre à mieux conduire son char quand on est au bout de la carriere ? Il ne reste plus à penser alors que comment on en sortira. L'étude d'un vieillard, s'il lui en reste encore à faire, est uniquement l'apprendre à mourir, et c'est précisément celle qu'on fait le moins à mon âge ; on y pense à tout, hormis à cela. Tous les vieillards tiennent plus à la vie que les enfans, et en sortent de plus mauvaise grace que les jeunes gens. C'est que tous leurs travaux ayant été pour cette vie, ils voient à sa fin qu'ils ont perdu leurs peines. Tous leurs soins, tous leurs biens, tous les fruits de leurs laborieuses veilles, ils quittent tout quand ils s'en font. Ils n'ont songé à rien acquérir durant leur vie qu'ils pussent emporter à leur mort.

Je me suis dit tout cela quand il étoit tems de ne le dire, et si je n'ai pas mieux su tirer parti de mes réflexions, ce n'est pas faute de les avoir faites à tems, et de les avoir bien digérées. Jetté dès mon enfance dans le tourbillon du monde, j'appris de bonne heure par l'expérience que je n'étois pas fait pour y vivre, et que je n'y parviendrois jamais à l'état dont mon cœur sentoit le besoin. Cessant donc de chercher parmi les hommes le bonheur que je sentois n'y pouvoir trouver, mon ardente imagination sautoit déjà par-dessus l'espace de ma vie, à peine commencée, comme sur un terrain qui m'étoit étranger, pour se reposer sur une assiette tranquille ou je pusse me fixer.

Ce sentiment, nourri par l'éducation dès mon enfance et renforcé durant toute ma vie par ce long tissu de miseres et d'infortunes qui l'a remplie, m'a fait chercher dans tous les tems à connoître la nature et la destination de mon être avec plus d'intérêt et de soin que je n'en ai trouvé dans aucun autre homme. J'en ai beaucoup vu qui philosophoient bien plus doctement que moi, mais leur philosophie leur étoit pour ainsi dire étrangere. Voulant être plus savans que d'autres, ils étudioient l'univers pour savoir comment il étoit arrangé, comme ils auroient étudié quelque machine qu'ils auroient apperçue, par pure curiosité. Ils étudioient la nature humaine pour en pouvoir parler savamment, mais non pas pour se connoître ; ils travailloient pour instruire les autres, mais non pas pour s'éclairer en-dedans. Plusieurs d'entr'eux ne vouloient que faire un livre, n'importoit quel, pourvu qu'il fût accueilli. Quand le leur étoit fait et publié, son contenu ne les intéressoit plus en aucune sorte, si ce n'est pour le faire adopter aux autres et pour le défendre au cas qu'il fût attaqué, mais du reste sans en rien tirer pour leur propre usage, sans s'embarrasser même que ce contenu fût faux ou vrai, pourvu qu'il ne fût pas réfuté. Pour moi quand j'ai desiré d'apprendre, c'étoit pour savoir moi-même et non pas pour enseigner ; j'ai toujours cru qu'avant d'instruire les autres il falloit commencer par savoir assez pour soi, et de toutes les études que j'ai tâché de faire en ma vie au milieu des hommes, il n'y en a gueres que je n'eusse faite également seul dans une isle déserte où j'aurois été confiné pour le reste de mes jours. Ce qu'on doit faire dépend beaucoup de ce qu'on doit croire, et dans tout ce qui ne tient pas aux premiers besoins de la nature, nos opinions sont la regle de nos actions. Dans ce principe qui fut toujours le mien, j'ai cherché souvent et long-tems pour diriger l'emploi de ma vie, à connoître sa véritable fin, et je me suis bientôt consolé de mon peu d'aptitude à me conduire habilement dans ce monde, en sentant qu'il n'y falloit pas chercher cette fin.

Né dans une famille où régnoient les mœurs et la piété, élevé ensuite avec douceur chez un ministre plein de sagesse et de religion, j'avois reçu dès ma plus tendre enfance des principes, des maximes, d'autres diroient des préjugés, qui ne m'ont jamais tout-à-fait abandonné. Enfant encore, et livré à moi-même, alléché par des caresses, séduit par la vanité, leurré par l'espérance, forcé par la nécessité, je me fis catholique ; mais je demeurai toujours chrétien, et bientôt gagné par l'habitude mon cœur s'attacha sincérement à ma nouvelle religion. Les instructions, les exemples-de Madame de Warens m'affermirent dans cet attachement. La solitude champêtre où j'ai passé la fleur de ma jeunesse, l'étude des bons livres à laquelle je me livrai tout entier, renforcerent auprès d'elle mes dispositions naturelles aux sentimens affectueux, et me rendirent dévot presque à la maniere de Fénelon. La méditation dans la retraite, l'étude de la nature, la contemplation de l'univers forcent un solitaire à s'élancer incessamment vers l'Auteur des choses, et à chercher avec une douce inquiétude la fin de tout ce qu'il voit et la cause de tout ce qu'il sent. Lorsque ma destinée me rejetta dans le torrent du monde, je n'y retrouvai plus rien qui pût flatter un moment mon cœur. Le regret de mes doux loisirs me suivit par-tout, et jetta l'indifférence et le dégoût sur tout ce qui pouvoit se trouver à ma portée, propre à mener à la fortune et aux honneurs. Incertain dans mes inquiets desirs, j'espérois peu, j'obtins moins, et je sentis dans des lueurs même de prospérité que quand j'aurois obtenu tout ce que je croyois chercher, je n'y aurois point trouvé ce bonheur dont mon cœur étoit avide sans en savoir démêler l'objet. Ainsi tout contribuoit à détacher mes affections de ce monde, même avant les malheurs qui devoient m'y rendre tout-à-fait étranger. Je parvins jusqu'à l'âge de quarante ans flottant entre l'indigence et la fortune, entre la sagesse et l'égarement, plein de vices d'habitude sans aucun mauvais penchant dans le cœur, vivant au hasard sans principes bien décidés par ma raison, et distrait sur mes devoirs sans les mépriser, mais souvent sans les bien connoître.

Dès ma jeunesse j'avois fixé cette époque de quarante ans comme le terme de mes efforts pour parvenir, et celui de mes prétentions en tout genre. Bien résolu, dès cet âge atteint et dans quelque situation que je fusse, de ne plus me débattre pour en sortir, et de passer le reste de mes jours à vivre au jour la journée sans plus m'occuper de l'avenir. Le moment venu, j'exécutai ce projet sans peine, et quoiqu'alors ma fortune semblât vouloir prendre une assiette plus fixe, j'y renonçai non-seulement sans regret mais avec un plaisir véritable. En me délivrant de tous ces leurres, de toutes ces vaines espérances, je me livrai pleinement à l'incurie et au repos d'esprit qui fit toujours mon goût le plus dominant et mon penchant le plus durable. Je quittai le monde et ses pompes, je renonçai à toutes parures, plus d'épée, plus de montre, plus de bas blancs, de dorure, de coiffure, une perruque toute simple, un bon gros habit de drap, et mieux que tout cela, je déracinai de mon cœur les cupidités et les convoitises qui donnent du prix à tout ce que je quittois. Je renonçai à la place que j'occupois alors, pour laquelle je n'étois nullement propre, et je me mis à copier de la musique à tant la page, occupation pour laquelle j'avois eu toujours un goût décidé.

Je ne bornai pas ma réforme aux choses extérieures. Je sentis que celle-là même en exigeoit une autre plus pénible sans doute, mais plus nécessaire dans les opinions, et résolu de n'en pas faire à deux fois, j'entrepris de soumettre mon intérieur à un examen sévere qui le réglât pour le reste de ma vie tel que je voulois le trouver à ma mort.

Une grande révolution qui venoit de se faire en moi, un autre monde moral qui se dévoiloit à mes regards, les insensés jugemens des hommes, dont sans prévoir encore combien j'en serois la victime, je commençois à sentir l'absurdité, le besoin toujours croissant d'un autre bien que la gloriole littéraire dont à peine la vapeur m'avoit atteint que j'en étois déjà dégoûté, le desir enfin de tracer pour le reste de ma carriere une route moins incertaine que celle dans laquelle j'en venois de passer la plus elle moitié, tout m'obligeoit à cette grande revue dont je sentois depuis long-tems le besoin. Je l'entrepris donc, et je ne négligeai rien de ce qui dépendoit de moi pour bien exécuter cette entreprise.

C'est de cette époque que je puis dater mon entier renoncement au monde, et ce goût vif pour la solitude, qui ne m'a plus quitté depuis ce temps-là. L'ouvrage que j'entreprenois ne pouvoit s'exécuter que dans une retraite absolue ; il demandoit de longues et paisibles méditations que le tumulte de la société ne souffre pas. Cela me força de prendre pour un tems une autre maniere de vivre dont ensuite je me trouvai si bien, que ne l'ayant interrompue depuis lors que par force et pour peu d'instans, je l'ai reprise de tout mon cœur et m'y suis borné sans peine, aussi-tôt que je l'ai pu, et quand ensuite les hommes m'ont réduit à vivre seul, j'ai trouvé qu'en me séquestrant pour me rendre misérable, ils avoient plus fait pour mon bonheur que je n'avois su faire moi-même.

Je me livrai au travail que j'avois entrepris avec un zele proportionné, et à l'importance de la chose et au besoin que je sentois en avoir. Je vivois alors avec des philosophes modernes qui ne ressembloient gueres aux anciens : au lieu de lever mes doutes et de fixer mes irrésolutions, ils avoient ébranlé toutes les certitudes que je croyois avoir sur les points qu'il m'importoit le plus de connoître : car, ardents missionnaires d'athéïsme, et très-impérieux dogmatiques, ils n'enduroient point sans colere, que sur quelque point que ce pût être, on osât penser autrement qu'eux. Je m'étois défendu souvent assez foiblement par haine pour la dispute, et par peu de talent pour la soutenir ; mais jamais je n'adoptai leur désolante doctrine, et cette résistance, à des hommes aussi intolérans, qui d'ailleurs avoient leurs vues, ne fut pas une des moindres causes qui attiserent leur animosité.

Ils ne m'avoient pas persuadé, mais ils m'avoient inquiété. Leurs argumens m'avoient ébranlé, sans m'avoir jamais convaincu ; je n'y trouvois point de bonne réponse, mais je sentois qu'il y en devoit avoir. Je m'accusois moins d'erreur, que d'ineptie, et mon cœur leur répondoit mieux que ma raison.

Je me dis enfin ; me laisserai-je éternellement ballotter par les sophismes des mieux disans, dont je ne suis pas même sûr que les opinions qu'ils prêchent et qu'ils ont tant d'ardeur à faire adopter aux autres soient bien les leurs à eux-mêmes ? Leurs passions, qui gouvernent leur doctrine, leur intérêt de faire croire ceci ou cela, rendent impossible à pénétrer ce qu'ils croient eux-mêmes. Peut-on chercher de la bonne foi dans des chefs de parti ? Leur philosophie est pour les autres ; il m'en faudroit une pour moi. Cherchons-la de toutes mes forces tandis qu'il est tems encore, afin d'avoir une regle fixe de conduite pour le reste de mes jours. Me voilà dans la maturité de l'âge, dans toute la force de l'entendement. Déjà je touche au déclin. Si j'attends encore, je n'aurai plus dans ma délibération tardive l'usage de toutes mes forces ; mes facultés intellectuelles auront déjà perdu de leur activité ; je ferai moins bien ce que je puis faire aujourd'hui de mon mieux possible : saisissons ce moment favorable ; il est l'époque de ma réforme externe et matérielle, qu'il soit aussi celle de ma réforme intellectuelle et morale. Fixons une bonne fois mes opinions, mes principes, et soyons pour le reste de ma vie ce que j'aurai trouvé devoir être après y avoir bien pensé.

J'exécutai ce projet lentement et à diverses reprises, mais avec tout l'effort et toute l'attention dont j'étois capable. Je sentois vivement que le repos du reste de mes jours et mon sort total en dépendoient. Je m'y trouvai d'abord dans un tel labyrinthe d'embarras, de difficultés, d'objections, de tortuosités, de ténebres que vingt fois tenté de tout abandonner, je fus près, renonçant à de vaines recherches, de m'en tenir dans mes délibérations aux regles de la prudence commune, sans plus en chercher dans des principes que j'avois tant de peine à débrouiller. Mais cette prudence même m'étoit tellement étrangere, je me sentois si peu propre à l'acquérir que la prendre pour mon guide n'étoit autre chose que vouloir à travers les mers et les orages, chercher sans gouvernail, sans boussole, un fanal presque inaccessible, et qui ne m'indiquoit aucun port.

Je persistai : pour la premiere fois de ma vie j'eus du courage, et je dois à son succès d'avoir pu soutenir l'horrible destinée qui dès-lors commençoit à m'envelopper sans que j'en eusse le moindre soupçon. Après les recherches les plus ardentes et les plus sinceres qui jamais peut-être aient été faites par aucun mortel, je me décidai pour toute ma vie sur tous les sentimens qu'il m'importoit d'avoir, et si j'ai pu me tromper dans mes résultats, je suis sûr au moins que mon erreur ne peut m'être imputée à crime ; car j'ai fait tous mes efforts pour m'en garantir. Je ne doute point, il est vrai, que les préjugés de l'enfance et les vœux secrets de mon cœur n'aient fait pencher la balance du côté le plus consolant pour moi. On se défend difficilement de croire ce qu'on desire avec tant d'ardeur, et qui peut douter que l'intérêt d'admettre ou rejetter les jugemens de l'autre vie ne détermine la foi de la plupart des hommes sur leur espérance ou leur crainte ? Tout cela pouvoit fasciner mon jugement, j'en conviens, mais non pas altérer ma bonne foi : car je craignois de me tromper sur toute chose. Si tout consistoit dans l'usage de cette vie, il m'importoit de le savoir, pour en tirer du moins le meilleur parti qu'il dépendroit de moi tandis qu'il étoit encore tems et n'être pas tout-à-fait dupe. Mais ce que j'avois le plus à redouter au monde dans la disposition où je me sentois, étoit d'exposer le sort éternel de mon ame pour la jouissance des biens de ce monde, qui ne m'ont jamais paru d'un grand prix.

J'avoue encore que je ne levai pas toujours à ma satisfaction toutes ces difficultés qui m'avoient embarrassé, et dont nos philosophes avoient si souvent rebattu mes oreilles. Mais, résolu de me décider enfin sur des matieres où l'intelligence humaine a si peu de prise, et trouvant de toutes parts des mysteres impénétrables et des objections insolubles, j'adoptai dans chaque question le sentiment qui me parut le mieux établi directement, le plus croyable en lui-même, sans m'arrêter aux objections que je ne pouvois résoudre, mais qui se rétorquoient par d'autres objections non moins fortes dans le systême opposé. Le ton dogmatique sur ces matieres ne convient qu'à des charlatans ; mais il importe d'avoir un sentiment pour soi, et de le choisir avec toute la maturité de jugement qu'on y peut mettre. Si malgré cela nous tombons dans l'erreur, nous n'en saurions porter la peine en bonne justice, puisque nous n'en aurons point la coulpe. Voilà le principe inébranlable qui sert de base à ma sécurité.

Le résultat de mes pénibles recherches, fut tel à-peu-près que je l'ai consigné depuis dans la profession de foi du Vicaire Savoyard, ouvrage indignement prostitué et profané dans la génération présente, mais qui peut faire un jour révolution parmi les hommes, si jamais il y renaît du bon sens et de la bonne foi.

Depuis lors, resté tranquille dans les principes que j'avois adoptés après une méditation si longue et si réfléchie, j'en ai fait la regle immuable de ma conduite et de ma foi, sans plus m'inquiéter ni des objections que je n'avois pu prévoir, et qui se présentoient nouvellement de tems à autre à mon esprit. Elles m'ont inquiété quelquefois, mais elles ne m'ont jamais ébranlé. Je me suis toujours dit : tout cela ne sont que des arguties et des subtilités métaphysiques, qui ne sont d'aucun poids auprès des principes fondamentaux adoptés par ma raison, confirmés par mon cœur, et qui tous portent le sceau de l'assentiment intérieur dans le silence des passions. Dans des matieres si supérieures à l'entendement humain, une objection que je ne puis résoudre, renversera-t-elle tout un corps de doctrine si solide, si bien liée, et formée avec tant de méditation et de soin, si bien appropriée à ma raison, à mon cœur, à tout mon être, et renforcée de l'assentiment intérieur que Je sens manquer à toutes les autres ? Non, de vaines argumentations ne détruiront jamais la convenance que j'aperçois entre ma nature immortelle et la constitution de ce monde, et l'ordre physique que j'y vois régner. J'y trouve dans l'ordre moral correspondant et dont le système est le résultat de mes recherches, les appuis dont j'ai besoin pour supporter les miseres de ma vie. Dans tout autre système je vivrois sans ressource, et je mourrois sans espoir. Je serois la plus malheureuse des créatures. Tenons-nous en donc à celui qui seul suffit pour me rendre heureux en dépit de la fortune et des hommes.

Cette délibération et la conclusion que j'en tirai ne semblent-elles pas avoir été dictées par le Ciel même pour me préparer à la destinée qui m'attendoit, et me mettre en état de la soutenir ? Que serois-je devenu, que deviendois-je encore dans les angoisses affreuses qui m'attendoient et dans l'incroyable situation où je suis réduit pour le reste de ma vie, si, resté sans asyle où je pusse échapper à mes implacables persécuteurs, sans dédommagement des opprobres qu'ils me font essuyer en ce monde, et sans espoir d'obtenir jamais la justice qui m'étoit due, je m'étois vu livré tout entier au plus horrible sort qu'ait éprouvé sur la terre aucun mortel ? Tandis que, tranquille dans mon innocence je n'imaginois qu'estime et bienveillance pour moi parmi les hommes ; tandis que mon cœur ouvert et confiant s'épanchoit avec des amis et des freres, les traîtres m'enlaçoient en silence de rets forgés au fond des enfers. Surpris par les plus imprévus de tous les malheurs et les plus terribles pour une ame fiere, traîné dans la fange sans jamais savoir par qui ni pourquoi, plongé dans un abyme d'ignominie, enveloppé d'horribles ténebres à travers lesquelles je n'apercevois que de sinistres objets, à la première surprise je fus terrassé, et jamais je ne serois revenu de l'abattement où me jetta ce genre imprévu de malheurs, si je ne m'étois ménagé d'avance des forces pour me relever dans mes chûtes.

Ce ne fut qu'après des années d'agitations que, reprenant enfin mes esprits et commençant de rentrer en moi-même, je sentis le prix des ressources que je m'étois ménagées pour l'adversité. Décidé sur toutes les choses dont il m'importoit de juger, je vis, en comparant mes maximes à ma situation, que je donnois aux insensés jugemens des hommes, et aux petits événemens de cette courte vie, beaucoup plus d'importance qu'ils n'en avoient. Que cette vie n'étant qu'un état d'épreuves, il importoit peu que ces épreuves fussent de telle ou telle sorte pourvu qu'il en résultât l'effet auquel elles étoient destinées, et que par conséquent plus les épreuves étoient grandes, fortes, multipliées, plus il étoit avantageux de les savoir soutenir. Toutes les plus vives peines perdent leur force pour quiconque en voit le dédommagement grand et sûr ; et la certitude de ce dédommagement étoit le principal fruit que j'avois retiré de mes méditations précédentes.

Il est vrai qu'au milieu des outrages sans nombre et des indignités sans mesure dont je me sentois accablé de toutes parts, des intervalles d'inquiétude et de doutes venoient de tems à autre ébranler mon espérance et troubler ma tranquillité. Les puissantes objections que je n'avois pu résoudre se présentoient alors à mon esprit avec plus de force, pour achever de m'abattre précisément dans les momens, où surchargé du poids de ma destinée, j'étois prêt à tomber dans le découragement. Souvent des argumens nouveaux que j'entendois faire me revenoient dans l'esprit à l'appui de ceux qui m'avoient déjà tourmenté. Ah ! me disois-je alors dans des serremens de cœur prêts à m'étouffer, qui me garantira du désespoir si dans l'horreur de mon sort je ne vois plus que des chimeres dans les consolations que me fournissoit ma raison ? si, détruisant ainsi son propre ouvrage, elle renverse tout l'appui d'espérance et de confiance qu'elle m'avoit ménagé dans l'adversité. Quel appui que des illusions qui ne bercent que moi seul au monde ? Toute la génération présente ne voit qu'erreurs et préjugés dans les sentimens dont je me nourris seul ; elle trouve la vérité, l'évidence dans le système contraire au mien ; elle semble même ne pouvoir croire que je l'adopte de bonne foi, et moi-même en m'y livrant de toute ma volonté, j'y trouve des difficultés insurmontables qu'il m'est impossible de résoudre et qui ne m'empêchent pas d'y persister. Suis-je donc seul sage, seul éclairé parmi les mortels ? Pour croire que les choses sont ainsi suffit-il qu'elles me conviennent ? Puis-je prendre une confiance éclairée en des apparences qui n'ont rien de solide aux yeux du reste des hommes, et qui me sembleroient illusoires à moi-même si mon cœur ne soutenoit pas ma raison ? N'eût-il pas mieux valu combattre mes persécuteurs à armes égales en adoptant leurs maximes, que de rester sur les chimeres des miennes en proie à leurs atteintes sans agir pour les repousser ? Je me crois sage, et je ne suis que dupe, victime et martyr d'une vaine erreur.

Combien de fois dans ces momens de doute et d'incertitude je fus prêt à m'abandonner au désespoir. Si jamais j'avois passé dans cet état un mois entier, c'étoit fait de ma vie et de moi. Mais ces crises, quoi qu'autrefois assez fréquentes, ont toujours été courtes, et maintenant que je n'en suis pas délivré tout-à-fait encore, elles sont si rares et si rapides, qu'elles n'ont pas même la force de troubler mon repos. Ce sont de légeres inquiétudes qui n'affectent pas plus mon ame, qu'une plume qui tombe dans la riviere ne peut altérer le cours de l'eau. J'ai senti que remettre en délibération les mêmes points sur lesquels je m'étois ci-devant décidé, étoit me supposer de nouvelles lumieres ou le jugement plus formé, ou plus de zele pour la vérité que je n'avois lors de mes recherches, qu'aucun de ces cas n'étant ni ne pouvant être le mien, je ne pouvois préférer par aucune raison solide, des opinions qui dans l'accablement du désespoir ne me tentoient que pour augmenter ma misere, à des sentimens adoptés dans la vigueur de l'âge, dans toute la maturité de l'esprit, après examen le plus réfléchi, et dans des tems où le calme de ma vie ne me laissoit d'autre intérêt dominant que celui de connoître la vérité. Aujourd'hui que mon cœur serré de détresse, mon ame affaissée par les ennuis, mon imagination effarouchée, ma tête troublée par tant d'affreux mysteres dont je suis environné, aujourd'hui que toutes mes facultés, affaiblies par la vieillesse et les angoisses ont perdu tout leur ressort, irai-je m'ôter à plaisir toutes les ressources que je m'étois ménagées, et donner plus de confiance à ma raison déclinante pour me rendre injustement malheureux, qu'à ma raison pleine et vigoureuse pour me dédommager des maux que je souffre sans les avoir mérités ? Non, je ne suis ni plus sage, ni mieux instruit, ni de meilleure foi que quand je me décidai sur ces grandes questions ; je n'ignorois pas alors les difficultés dont je me laisse troubler aujourd'hui ; elles ne m'arrêterent pas, et s'il s'en présente quelques nouvelles dont on ne s'étoit pas encore avisé, ce sont les sophismes d'une subtile métaphysique qui ne sauroient balancer les vérités éternelles admises de tous les tems, par tous les Sages, reconnues par toutes les nations, et gravées dans le cœur humain en caracteres ineffaçables. Je savois en méditant sur ces matieres que l'entendement humain circonscrit par les sens, ne les pouvoit embrasser dans toute leur étendue. Je m'en tins donc à ce qui étoit à ma portée sans m'engager dans ce qui la passoit. Ce parti étoit raisonnable, je l'embrassai jadis et m'y tins avec l'assentiment de mon cœur et de ma raison. Sur quel fondement y renoncerois-je aujourd'hui que tant de puissans motifs m'y doivent tenir attaché ? Quel danger vois-je à le suivre ? Quel profit trouverois-je à l'abandonner ? En prenant la doctrine de mes persécuteurs prendrois-je aussi leur morale ? Cette morale sans racine et sans fruit, qu'ils étalent pompeusement dans des livres ou dans quelque action d'éclat sur le théâtre, sans qu'il en pénetre jamais rien dans le cœur ni dans la raison ; ou bien cette autre morale secrete et cruelle, doctrine intérieure de tous leurs initiés, à laquelle l'autre ne sert que de masque, qu'ils suivent seule dans leur conduite, et qu'ils ont si habilement pratiquée à mon égard. Cette morale purement offensive, ne sert point à la défense, et n'est bonne qu'à l'agression. De quoi me serviroit-elle dans l'état où ils m'ont réduit ? Ma seule innocence me soutient dans les malheurs, et combien me rendrois-je plus malheureux encore, si m'ôtant cette unique mais puissante ressource, j'y substituois la méchanceté ? Les atteindrois-je dans l'art de nuire, et quand j'y réussirois, de quel mal me soulageroit celui que je leur pourrois faire ? Je perdrois ma propre estime, et je ne gagnerois rien à la place.

C'est ainsi que raisonnant avec moi-même je parvins à ne plus me laisser ébranler dans mes principes par des argumens captieux, par des objections insolubles, et par des difficultés qui passoient ma portée et peut-être celle de l'esprit humain. Le mien, restant dans la plus solide assiette que j'avois pu lui donner, s'accoutuma si bien à s'y reposer à l'abri de ma conscience, qu'aucune doctrine étrangere ancienne ou nouvelle ne peut plus l'émouvoir, ni troubler un instant mon repos. Tombé dans la langueur et l'appesantissement d'esprit, j'ai oublié jusqu'aux raisonnemens sur lesquels je fondois ma croyance et mes maximes ; mais je n'oublierai jamais les conclusions que j'en ai tirées avec l'approbation de ma conscience et de ma raison, et je m'y tiens désormais. Que tous les philosophes viennent ergoter contre : ils perdront leur tems et leurs peines. Je me tiens pour le reste de ma vie en toute chose, au parti que j'ai pris quand j'étois plus en état de bien choisir.

Tranquille dans ces dispositions, j'y trouve, avec le contentement de moi, l'espérance et les consolations dont j'ai besoin dans ma situation. Il n'est pas possible qu'une solitude aussi complete, aussi permanente, aussi triste en elle-même, l'animosité toujours sensible et toujours active de toute la génération présente, les indignités dont elle m'accable sans cesse, ne me jettent quelquefois dans l'abattement, l'espérance ébranlée, les doutes décourageans reviennent encore de tems à autre troubler mon ame et la remplir de tristesse. C'est alors qu'incapable des opérations de l'esprit nécessaires pour me rassurer moi-même, j'ai besoin de me rappeler mes anciennes résolutions, les soins, l'attention, la sincérité de cœur que j'ai mises à les prendre reviennent alors à mon souvenir et me rendent toute ma confiance. Je me refuse ainsi à toutes nouvelles idées comme à des erreurs funestes, qui n'ont qu'une fausse apparence, et ne sont bonnes qu'à troubler mon repos.

Ainsi retenu dans l'étroite sphere de mes anciennes connoissances, je n'ai pas, comme Solon, le bonheur de pouvoir m'instruire chaque jour en vieillissant, et je dois même me garantir du dangereux orgueil de vouloir apprendre ce que je suis désormais hors d'état de bien savoir. Mais s'il me reste peu d'acquisitions à espérer du côté des lumieres utiles, il m'en reste de bien importantes à faire du côté des vertus nécessaires à mon état. C'est-là qu'il seroit tems d'enrichir et d'orner mon ame d'un acquis qu'elle pût emporter avec elle, lorsque délivrée de ce corps qui l'offusque et l'aveugle, et voyant la vérité sans voile, elle apercevra la misere de toutes ces connoissances dont nos faux savans sont si vains. Elle gémira des momens perdus en cette vie à les vouloir acquérir. Mais la patience, la douceur, la résignation, l'intégrité, la justice impartiale, sont un bien qu'on emporte avec soi, et dont on peut s'enrichir sans cesse, sans craindre que la mort même nous en fasse perdre le prix. C'est à cette unique et utile étude que je consacre le reste de ma vieillesse. Heureux si par mes progrès sur moi-même j'apprends à sortir de la vie, non meilleur, car cela n'est pas possible, mais plus vertueux que je n'y suis entré !

PROMENADE V

De toutes les habitations où j'ai demeuré (et j'en ai eu de charmantes,) aucune ne m'a rendu si véritablement heureux et ne m'a laissé de si tendres regrets que l'Isle de St. Pierre au milieu du Lac de Bienne. Cette petite Isle qu'on appelle à Neufchâtel l'Isle de la Motte, est bien peu connue, même en Suisse. Aucun voyageur, que je sache, n'en fait mention. Cependant elle est très-agréable et singuliérement située pour le bonheur d'un homme qui aime à se circonscrire ; car quoique je sois peut-être le seul au monde à qui sa destinée en ait fait une loi, je ne puis croire être le seul qui ait un goût si naturel, quoique je ne l'aye trouvé jusqu'ici chez nul autre.

Les rives du Lac de Bienne sont plus sauvages et romantiques que celles du Lac de Geneve, parce que les rochers et les bois y bordent l'eau de plus près ; mais elles ne sont pas moins riantes. S'il y a moins de culture de champs et de vignes, moins de villes et de maisons ; il y aussi plus de verdure naturelle, plus de prairies, d'asyles ombragés de bocages, des contrastes plus fréquens et des accidens plus rapprochés. Comme il n'y a pas sur ces heureux bords de grandes routes commodes pour les voitures, le pays est peu fréquenté par les voyageurs ; mais il est intéressant pour des contemplatifs solitaires qui aiment à s'enivrer à loisir des charmes de la nature, et à se recueillir dans un silence que ne trouble aucun autre bruit que le cri des aigles, le ramage entrecoupé de quelques oiseaux, et le roulement des torrents qui tombent de la montagne ! Ce beau bassin d'une forme presque ronde enferme dans son milieu deux petites îles, l'une habitée et cultivée, d'environ une demi-lieue de tour, l'autre plus petite, déserte et en friche, et qui sera détruite à la fin par les transports de terre qu'on en ôte sans cesse pour réparer les dégâts que les vagues et les orages font à la grande. C'est ainsi que la substance du faible est toujours employée au profit du puissant.

Il n'y a dans l'île qu'une seule maison, mais grande, agréable et commode, qui appartient à l'hôpital de Berne ainsi que l'île, et où loge un receveur avec sa famille et ses domestiques. Il y entretient une nombreuse basse-cour, une voliere et des réservoirs pour le poisson. L'île dans sa petitesse est tellement variée dans ses terrains et ses aspects qu'elle offre toutes sortes de sites et souffre toutes sortes de cultures. On y trouve des champs, des vignes, des bois, des vergers, de gras pâturages ombragés de bosquets et bordés d'arbrisseaux de toute espèce dont le bord des eaux entretient la fraîcheur ; une haute terrasse plantée de deux rangs d'arbres borde l'île dans sa longueur, et dans le milieu de cette terrasse on a bâti un joli salon où les habitans des rives voisines se rassemblent et viennent danser les dimanches durant les vendanges.

C'est dans cette Île que je me réfugiai après la lapidation de Motiers. J'en trouvai le séjour si charmant, j'y menois une vie si convenable à mon humeur que résolu d'y finir mes jours, je n'avois d'autre inquiétude sinon qu'on ne me laissât pas exécuter ce projet qui ne s accordoit pas avec celui de m'entraîner en Angleterre, dont je sentois déjà les premiers effets. Dans les pressentimens qui m'inquiétoient j'aurois voulu qu'on m'eût fait de cet asile une prison perpétuelle, qu'on m'y eût confiné pour toute ma vie, et qu'en m'ôtant toute puissance et tout espoir d'en sortir on m'eût interdit toute espèce de communication avec la terre ferme de sorte qu'ignorant tout ce qui se faisoit dans le monde j'en eusse oublié l'existence et qu'on y eût oublié la mienne aussi.

On ne m'a laissé passer guère que deux mois dans cette île, mais j'y aurois passé deux ans, deux siècles et toute l'éternité sans m'y ennuyer un moment, quoique je n'y eusse, avec ma compagne, d'autre société que celle du receveur, de sa femme et de ses domestiques, qui tous étoient à la vérité de très-bonnes gens et rien de plus, mais c'étoit précisément ce qu'il me fallait. Je compte ces deux mois pour le tems le plus heureux de ma vie et tellement heureux qu'il m'eût suffi durant toute mon existence sans laisser naître un seul instant dans mon ame le desir d'un autre état.

Quel étoit donc ce bonheur et en quoi consistoit sa jouissance ? Je le donnerois à deviner à tous les hommes de ce siècle sur la description de la vie que j'y menais. Le précieux farniente fut. la premiere et la principale de ces jouissances que je voulus savourer dans toute sa douceur, et tout ce que je fis durant mon séjour ne fut en effet que l'occupation délicieuse et nécessaire d'un homme qui s'est dévoué à l'oisiveté.

L'espoir qu'on ne demanderoit pas mieux que de me laisser dans ce séjour isolé où je m'étois enlacé de moi-même, dont il m'étoit impossible de sortir sans assistance et sans être bien aperçu, et où je ne pouvois avoir ni communication ni correspondance que par le concours des gens qui m'entouraient, cet espoir, dis-je, me donnoit celui d'y finir mes jours plus tranquillement que Je ne les avois passes, et l'idée que j'avois le tems de m'y arranger tout à loisir fit que je commençai par n'y faire aucun arrangement.

Transporté là brusquement seul et nu, j'y fis venir successivement ma gouvernante, mes livres et mon petit équipage, dont j'eus le plaisir de ne rien déballer, laissant mes caisses et mes malles comme elles étoient arrivées et vivant dans l'habitation où je comptois achever mes jours comme dans une auberge dont j'aurois dû partir le lendemain. Toutes choses telles qu'elles étoient alloient si bien que vouloir les mieux ranger étoit y gâter quelque chose. Un de mes plus grands délices étoit surtout de laisser toujours mes livres bien encaissés et de n'avoir point d'écritoire. Quand de malheureuses lettres me forçoient de prendre la plume pour y répondre, j'empruntois en murmurant l'écritoire du receveur, et je me hâtois de la rendre dans la vaine espérance de n'avoir plus besoin de la remprunter. Au lieu de ces tristes paperasses et de toute cette bouquinerie, j'emplissais ma chambre de fleurs et de foin, car j'étois alors dans ma premiere ferveur de botanique, pour laquelle le docteur d'Ivernois m'avoit inspiré un goût qui bientôt devint passion. Ne voulant plus d'œuvre de travail il m'en falloit une d'amusement qui me plût et qui ne me donnât de peine que celle qu'aime à prendre un paresseux. J'entrepris de faire la Flora petrinsularis et de décrire toutes les plantes de l'Île sans en omettre une seule, avec un détail suffisant pour m'occuper le reste de mes jours. On dit qu'un Allemand a fait un livre sur un zeste de citron, j'en aurois fait un sur chaque gramen des prés, sur chaque mousse des bois, sur chaque lichen qui tapisse les rochers, enfin je ne voulois pas laisser un poil d'herbe, pas un atome végétal qui ne fût amplement décrit. En conséquence de ce beau projet, tous les matins après le déjeuner, que nous faisions tous ensemble, j'allois une loupe à la main et mon Systema naturae sous le bras, visiter un canton de l'île que j'avois pour cet effet divisée en petits carrés dans l'intention de les parcourir l'un après l'autre en chaque saison. Rien n'est plus singulier que les ravissemens, les extases que j'éprouvois à chaque observation que je faisais sur la structure et l'organisation végétale et sur le jeu des parties sexuelles dans la fructification, dont le système étoit alors tout à fait nouveau pour moi. La distinction des caractères génériques, dont je n'avois pas auparavant la moindre idée, m'enchantoit en les vérifiant sur les espèces communes en attendant qu'il s'en offrît à moi de plus rares. La fourchure des deux longues étamines de la brunelle, le ressort de celles de l'ortie et de la pariétaire, l'explosion du fruit de la balsamine et de la capsule du buis, mille petits jeux de la fructification que j'observais pour la première fois me combloient de joie, et j'allois demandant si l'on avoit vu les cornes de la brunelle comme La Fontaine demandoit si l'on avoit lu Habacucs. Au bout de deux ou trois heures je m'en revenois chargé d'une ample moisson provision d'amusement pour l'après-dînée au logis en cas de pluie. J'employais le reste de la matinée à aller avec le receveur, sa femme et Thérèse visiter leurs ouvriers et leur récolte, mettant le plus souvent la main à l'œuvre avec eux, et souvent des Bernois qui me venoient voir m'ont trouvé juché sur de grands arbres, ceint d'un sac que je remplissais de fruits, et que je dévalois ensuite à terre avec une corde. L'exercice que j'avois fait dans la matinée et la bonne humeur nui en est inséparable me rendoient le repos du dîner très-agréable ; mais quand il se prolongeoit trop et que ce beau tems m'invitait, je ne pouvois long-tems attendre, et pendant qu'on étoit encore à table je m'esquivais et j'allois me jeter seul dans un bateau que je conduisais au milieu du lac quand l'eau étoit calme, et là, m'étendant tout de non long dans le bateau les yeux tournés vers le ciel, je me laissais aller et dériver lentement au gré de l'eau, quelquefois pendant plusieurs heures, plongé dans mille rêveries confuses mais délicieuses, et qui sans avoir aucun objet bien déterminé ni constant ne laissoient pas d'être à mon gré cent fois préférables à tout ce que j'avois trouvé de plus doux dans ce qu'on appelle les plaisirs de la vie. Souvent averti par le baisser du soleil de l'heure de la retraite je me trouvois si loin de l'île que j'étois forcé de travailler de toute ma force pour arriver avant la nuit close. D'autres fois, au lieu de m'égarer en pleine eau je me plaisais à côtoyer les verdoyantes rives de l'île dont les limpides eaux et les ombrages frois m'ont souvent engagé à m'y baigner. Mais une de mes navigations les plus fréquentes étoit d'aller de la grande à la petite île, d'y débarquer et d'y passer l'après-dînée, tantôt à des promenades très-circonscrites au milieu des marceaux, des bourdaines, des persicaires, des arbrisseaux de toute espèce, et tantôt m'établissant au sommet d'un tertre sablonneux couvert de gazon, de serpolet, de fleurs même d'esparcette et de trèfles qu'on y avoit vroisemblablement semés autrefois, et très-propre à loger des lapins qui louvoient là multiplier en paix sans rien craindre et sans nuire à rien. Je donnai cette idée au receveur qui fit venir de Neuchâtel des lapins mâles et femelles, et nous allâmes en grande pompe, sa femme, une de ses sœurs, Thérèse et moi, les établir dans la petite île, où ils commençoient à peupler avant mon départ et où ils auront prospéré sans doute s'ils ont pu soutenir la rigueur des hivers. La fondation de cette petite colonie fut une fête. Le pilote des Argonautes n'étoit pas plus fier que moi menant en triomphe la compagnie et les lapins de la grande île à la petite, et je notois avec orgueil que la receveuse, qui redoutoit l'eau à l'excès et s'y trouvoit toujours mal, s'embarqua sous ma conduite avec confiance et ne montra nulle peur durant la traversée.

Quand le lac agité ne me permettoit pas la navigation, je passais mon après-midi à parcourir l'île en herborisant à droite et à gauche m'asseyant tantôt dans les réduits les plus rians et les plus solitaires pour y rêver à mon aise, tantôt sur les terrasses et les tertres, pour parcourir des yeux le superbe et ravissant coup d'œil du lac et de ses rivages couronnés d'un côté par des montagnes prochaines et de l'autre élargis en riches et fertiles plaines, dans lesquelles la vue s'étendoit jusqu'aux montagnes bleuâtres plus éloignées qui la bornaient.

Quand le soir approchoit je descendais des cimes de l'île et j'allois volontiers m'asseoir au bord du lac sur la grève dans quelque asile caché ; là le bruit des vagues et l'agitation de l'eau fixant mes sens et chassant de mon ame toute autre agitation la plongeoient dans une rêverie délicieuse où la nuit me surprenoit souvent sans que je m'en fusse aperçu. Le flux et reflux de cette eau, son bruit continu mais renflé par intervalles frappant sans relâche mon oreille et mes yeux, suppléoient aux mouvemens internes que la rêverie éteignoit en moi et suffisoient pour me faire sentir avec plaisir mon existence sans prendre la peine de penser. De tems à autre naissoit quelque faible et courte réflexion sur l'instabilité des choses de ce monde dont la surface des eaux m'offroit l'image : mais bientôt ces impressions légères s'effaçoient dans l'uniformité du mouvement continu qui me berçoit, et qui sans aucun concours actif de mon ame ne laissoit pas de m'attacher au point qu'appelé par l'heure et par le signal convenu je ne pouvois m'arracher de là sans effort.

Après le souper, quand la soirée étoit belle, nous allions encore tous ensemble faire quelque tour de promenade sur la terrasse pour y respirer l'air du lac et la fraîcheur. On se reposoit dans le pavillon, on rioit, on causoit on chantoit quelque vieille chanson qui valoit bien le tortillage moderne, et enfin l'on s'alloit coucher content de sa journée et n'en desirant qu'une semblable pour le lendemain.

Telle est, laissant à part les visites imprévues et importunes, la maniere dont j'ai passé mon tems dans cette île durant le séjour que j'y ai fait Qu'on me dise à présent ce qu'il y a là d'assez attrayant pour exciter dans mon cœur des regrets si vifs, si tendres et si durables qu'au bout de quinze ans il m'est impossible de songer à cette habitation chérie sans m'y sentir à chaque fois transporté encore par les élans du desir.

J'ai remarqué dans les vicissitudes d'une longue vie que les époques des plus douces jouissances et des plaisirs les plus vifs ne sont pourtant pas celles dont le souvenir m'attire et me touche le plus. Ces courts momens de délire et de passion, quelque vifs qu'ils puissent être, ne sont cependant, et par leur vivacité même, que des points bien clairsemés dans la ligne de la vie. Ils sont trop rares et trop rapides pour constituer un état, et le bonheur que mon cœur regrette n'est point composé d'instans fugitifs mais un état simple et permanent, qui n'a rien de vif en lui-même, mais dont la durée accroît le charme au point d'y trouver enfin la suprême félicité.

Tout est dans un flux continuel sur la terre : rien n'y garde une forme constante et arrêtée, et nos affections qui s'attachent aux choses extérieures passent et changent nécessairement comme elles. Toujours en avant ou en arriere de nous, elles rappellent le passé qui n'est plus ou préviennent l'avenir qui souvent ne doit point être : il n'y a rien là de solide à quoi le cœur se puisse attacher. Aussi n'a-t-on guère ici-bas que du plaisir qui passe ; pour le bonheur qui dure je doute qu'il y soit connu. À peine est-il dans nos plus vives jouissances un instant où le cœur puisse véritablement nous dire : je voudrois que cet instant durât toujours. Et comment peut-on appeler bonheur un état fugitif qui nous laisse encore le cœur inquiet et vide, qui nous fait regretter quelque chose avant, ou desirer encore quelque chose après ?

Mais s'il est un état où l'âme trouve une assiette assez solide pour s'y reposer tout entiere et rassembler là tout son être, sans avoir besoin de rappeler le passé ni d'enjamber sur l'avenir ; où le tems ne soit rien pour elle, où le présent dure toujours sans néanmoins marquer sa durée et sans aucune trace de succession, sans aucun autre sentiment de privation ni de jouissance, de plaisir ni de peine, de desir ni de crainte que celui seul de notre existence, et que ce sentiment seul puisse la remplir tout entiere ; tant que cet état dure celui qui s'y trouve peut s'appeler heureux, non d'un bonheur imparfait, pauvre et relatif tel que celui qu'on trouve dans les plaisirs de la vie, mais d'un bonheur suffisant, parfoit et plein, qui ne laisse dans l'âme aucun vide qu'elle sente le besoin de remplir. Tel est l'état où je me suis trouvé souvent à l'île de Saint-Pierre dans mes rêveries solitaires, soit couché dans mon bateau que je laissais dériver au gré de l'eau, soit assis sur les rives du lac agité, soit ailleurs au bord d'une belle riviere ou d'un ruisseau murmurant sur le gravier.

De quoi jouit-on dans une pareille situation ? De rien d'extérieur à soi, de rien sinon de soi-même et de sa propre existence, tant que cet état dure on se suffit à soi-même comme Dieu. Le sentiment de l'existence dépouillé de toute autre affection est par lui-même un sentiment précieux de contentement et de paix, qui suffiroit seul pour rendre cette existence chere et douce à qui sauroit écarter de soi toutes les impressions sensuelles et terrestres qui viennent sans cesse nous en distraire et en troubler ici-bas la douceur. Mais la plupart des hommes, agités de passions continuelles, connaissent peu cet état, et ne l'ayant goûté qu'imparfaitement durant peu d'instans n'en conservent qu'une idée obscure et confuse qui ne leur en fait pas sentir le charme. Il ne seroit pas même bon, dans la présente constitution des choses, qu'avides de ces douces extases ils s'y dégoûtassent de la vie active dont leurs besoins toujours renaissans leur prescrivent le devoir. Mais un infortuné qu'on a retranché de la société humaine et qui ne peut plus rien faire ici-bas d'utile et de bon pour autrui ni pour soi, peut trouver dans cet état à toutes les félicités humaines des dédommagemens que la fortune et les hommes ne lui sauroient ôter.

Il est vrai que ces dédommagemens ne peuvent être sentis par toutes les âmes ni dans toutes les situations. Il faut que le cœur soit en paix et qu'aucune passion n'en vienne troubler le calme. Il y faut des dispositions de la part de celui qui les éprouve, il en faut dans le concours des objets environnans. Il n'y faut ni un repos absolu ni trop d'agitation, mais un mouvement uniforme et modéré qui n'oit ni secousses ni intervalles. Sans mouvement la vie n'est qu'une léthargie. Si le mouvement est inégal ou trop fort, il réveille ; en nous rappelant aux objets environnants, il détruit le charme de la rêverie, et nous arrache d'au-dedans de nous pour nous remettre à l'instant sous le joug de la fortune et des hommes et nous rendre au sentiment de nos malheurs. Un silence absolu porte à la tristesse. Il offre une image de la mort. Alors le secours d'une imagination riante est nécessaire et se présente assez naturellement à ceux que le ciel en a gratifiés. Le mouvement qui ne vient pas du dehors se fait alors au-dedans de nous. Le repos est moindre, il est vrai, mais il est aussi plus agréable avant de légères et douces idées sans agiter le fond de l'âme, ne font pour ainsi dire qu'en effleurer la surface, Il n'en faut qu'assez pour se souvenir de soi-même en oubliant tous ses maux. Cette espèce de rêverie peut se goûter partout où l'on peut être tranquille, et j'ai souvent pensé qu'à la Bastille, et même dans un cachot où nul objet n'eût frappé ma vue, j'aurois encore pu rêver agréablement.

Mais il faut avouer que cela se faisoit bien mieux et plus agréablement dans une île fertile et solitaire, naturellement circonscrite et séparée du reste du monde, où rien ne m'offroit que des images riantes, où rien ne me rappeloit des souvenirs attristans où la société du petit nombre d'habitans étoit liante et douce sans être intéressante au point de m'occuper incessamment, où je pouvois enfin me livrer tout le jour sans obstacle et sans soins aux occupations de mon goût ou à la plus molle oisiveté. L'occasion sans doute étoit belle pour un rêveur qui, sachant se nourrir d'agréables chimeres au milieu des objets les plus déplaisants, pouvoit s'en rassasier à son aise en y faisant concourir tout ce qui frappoit réellement ses sens. En sortant d'une longue et douce rêverie, en me voyant entouré de verdure, de fleurs, d'oiseaux et laissant errer mes yeux au loin sur les romanesques rivages qui bordoient une vaste étendue d'eau claire et cristalline, j'assimilois à mes fictions tous ces aimables objets, et me trouvant enfin ramené par degrés à moi-même et à ce qui m'entourait, je ne pouvois marquer le point de séparation des fictions aux réalités, tant tout concouroit également à me rendre chere la vie recueillie et solitaire que je menois dans ce beau séjour. Que ne peut-elle renaître encore ! Que ne puis-je aller finir mes jours dans cette île chérie sans en ressortir jamais, ni jamais y revoir aucun habitant du continent qui me rappelât le souvenir des calamités de toute espèce qu'ils se plaisent à rassembler sur moi depuis tant d'années ! Ils seroient bientôt oubliés pour jamais : sans doute ils ne m'oublieroient pas de même, mais que m'importerait, pourvu qu'ils n'eussent aucun accès pour y venir troubler mon repos ? Délivré de toutes les passions terrestres qu'engendre le tumulte de la vie sociale, mon ame s'élanceroit fréquemment au-dessus de cette atmosphère, et commerceroit d'avance avec les intelligences célestes dont elle espère aller augmenter le nombre dans peu de temps. Les hommes se garderont, je le sais, de me rendre un si doux asile où ils n'ont pas voulu me laisser. Mais ils ne m'empêcheront pas du moins de m'y transporter chaque jour sur les ailes de l'imagination, et d'y goûter durant quelques heures le même plaisir que si je l'habitois encore. Ce que j'y ferois de plus doux seroit d'y rêver à mon aise. En rêvant que j'y suis ne fais-je pas la même chose ? Je fais même plus ; à l'attroit d'une rêverie abstraite et monotone je joins des images charmantes qui la vivifient. Leurs objets échappoient souvent à mes sens dans mes extases et maintenant plus ma rêverie est profonde plus elle me les peint vivement.

qu'on en est le plus offusqué ! Je suis souvent plus au milieu d'eux, et plus agréablement encore, que quand j'y étois réellement. Le malheur est qu'à mesure que l'imagination s'attiédit, cela vient avec plus de peine et ne dure pas si long-tems. Hélas ! c'est quand on commence à quitter sa dépouille qu'on en est le plus offusqué !

PROMENADE VI

Nous n'avons gueres de mouvement machinal dont nous ne pussions trouver la cause dans notre cœur, si nous savions bien l'y chercher.

Hier en passant sur le nouveau boulevard pour aller herboriser le long de la Biévre du côté de Gentilly, je fis le crochet à droite en approchant de la barriere d'enfer, et m'écartant dans la campagne j'allai par la route de Fontainebleau, gagner les hauteurs qui bordent cette petite riviere. Cette marche étoit fort indifférente en elle-même, mais en me rappelant que j'avois fait plusieurs fois machinalement le même détour, j'en recherchai la cause en moi-même, et je ne pus m'empêcher de rire quand je vins à la démêler.

Dans un coin du boulevard, à la sortie de la barriere d'enfer, s'établit journellement en été une femme qui vend du fruit, de la tisanne, et des petits pains. Cette femme a un petit garçon fort gentil, mais boîteux, qui, clopinant avec ses béquilles s'en va d'assez bonne grace demandant l'aumône aux passans. J'avois fait une espece de connoissance avec ce petit bon homme ; il ne manquoit pas chaque fois que je passois de venir me faire son petit compliment, toujours suivi de ma petite offrande. Les premieres fois je fus charmé de le voir, je lui donnois de très-bon cœur et je continuai quelque tems de le faire avec le même plaisir, y joignant même le plus souvent celui d'exciter et d'écouter son petit babil que je trouvois agréable. Ce plaisir devenu par degrés habitude se trouva, je ne sais comment, transformé dans une espèce de devoir dont je sentis bientôt la gêne, surtout à cause de la harangue préliminaire qu'il falloit écouter, et dans laquelle il ne manquoit jamais de m'appeler souvent M. Rousseau pour montrer qu'il me connoissoit bien, ce qui m'apprenoit assez au contraire qu'il ne me connoissoit pas plus que ceux qui l'avoient instruite Dès lors je passai par là moins volontiers, et enfin je pris machinalement l'habitude de faire le plus souvent un détour quand j'approchais de cette traverse.

Voilà ce que je découvris en y réfléchissant : car rien de tout cela ne s'étoit offert jusqu'alors distinctement à ma pensée. Cette observation m'en a rappelé successivement des multitudes d'autres qui m'ont bien confirmé que les vrois et premiers motifs de la plupart de mes actions ne me sont pas aussi clairs à moi-même que je me l'étois long-tems figuré. Je sais et je sens que faire du bien est le plus vrai bonheur que le cœur humain puisse goûter ; mais il y a long-tems que ce bonheur a été mis hors de ma portée, et ce n'est pas dans un aussi misérable sort que le mien qu'on peut espérer de placer avec choix et avec fruit une seule action réellement bonne. Le plus grand soin de ceux qui règlent ma destinée ayant été que tout ne fût pour moi que fausse et trompeuse apparence, un motif de vertu n'est jamais qu'un leurre qu'on me présente pour m'attirer dans le piège où l'on veut m'enlacer. Je sais cela ; je sais que le seul bien qui soit désormais en ma puissance est de m'abstenir d'agir de peur de mal faire sans le vouloir et sans le savoir. Mais il fut des tems plus heureux où, suivant les mouvemens de mon cœur, je pouvois quelquefois rendre un autre cœur content, et je me dois l'honorable témoignage que chaque fois que j'ai pu goûter ce plaisir je l'ai trouvé plus doux qu'aucun autre. Ce penchant fut vif, vrai, pur, et rien dans mon plus secret intérieur ne l'a jamais démenti. Cependant j'ai senti souvent le poids de mes propres bienfaits par la chaîne des devoirs qu'ils entraînoient à leur suite : alors le plaisir a disparu et je n'ai plus trouvé dans la continuation des mêmes soins qui m'avoient d'abord charmé qu'une gêne presque insupportable. Durant mes courtes prospérités beaucoup de gens recouroient à moi, et jamais dans tous les services que je pus leur rendre aucun d'eux ne fut éconduit. Mais de ces premiers bienfaits versés avec effusion de cœur naissoient des chaînes d'engagemens successifs que je n'avois pas prévus et dont je ne pouvois plus secouer le joug. Mes premiers services n'étoient aux yeux de ceux qui les recevoient que les arrhes de ceux qui les devoient suivre ; et dès que quelque infortuné avoit jeté sur moi le grappin d'un bienfoit reçu, c'en étoit fait désormais, et ce premier bienfoit libre et volontaire devenoit un droit indéfini à tous ceux dont il pouvoit avoir besoin dans la suite, sans que l'impuissance même suffit pour m'en affranchir. Voilà comment des jouissances très-douces se transformoient pour moi dans la suite en d'onéreux assujettissemens.

Ces chaînes cependant ne me parurent pas très-pesantes tant qu'ignoré du public je vécus dans l'obscurité. Mais quand une fois ma personne fut affichée par mes écrits, faute grave sans doute, mais plus qu'expiée par mes malheurs, dès lors je devins le bureau général d'adresse de tous les souffreteux ou soi-disant tels, de tous les aventuriers qui cherchoient des dupes, de tous ceux qui sous prétexte du grand crédit qu'ils feignoient de m'attribuer vouloient s'emparer de moi de maniere ou d'autre. C'est alors que j'eus lieu de connoître que tous les penchans de la nature sans en excepter la bienfaisance elle-même, portés ou suivis dans la société sans prudence et sans choix, changent de nature et deviennent souvent aussi nuisibles qu'ils étoient utiles dans leur premiere direction. Tant de cruelles expériences changerent peu-à-peu mes premières dispositions, ou plutôt, les renfermant enfin dans leurs véritables bornes, elles m'apprirent à suivre moins aveuglément mon penchant à bien faire, lorsqu'il ne servoit qu'à favoriser la méchanceté d'autrui.

Mais je n'ai point regret à ces mêmes expériences, puisqu'elles m'ont procuré par la réflexion de nouvelles lumières sur la connaissance de moi-même et sur les vrois motifs de ma conduite en mille circonstances sur lesquelles je me suis si souvent fait illusion. J'ai vu que pour bien faire avec plaisir il falloit que j'agisse librement, sans contrainte, et que pour m'ôter toute la douceur d'une bonne œuvre il suffisoit qu'elle devînt un devoir pour moi. Dès lors le poids de l'obligation me fait un fardeau des plus douces jouissances et comme je l'ai dit dans l'Emile, à ce que je crois j'eusse été chez les Turcs un mauvais mari à l'heure où le cri public les appelle à remplir les devoirs de leur état.

Voilà ce qui modifie beaucoup l'opinion que j'eus long-tems de ma propre vertu, car il n'y en a point à suivre ses penchans et à se donner, quand ils nous y portent, le plaisir de bien faire. Mais elle consiste à les vaincre quand le devoir le commande, pour faire ce qu'il nous prescrit, et voilà ce que j'ai su moins faire qu'homme du monde. Né sensible et bon, portant la pitié jusqu'à la faiblesse et me sentant exalter l'âme par tout ce qui tient à la générosité, je fus humain, bienfaisant, secourable, par goût, par passion même, tant qu'on n'intéressa que mon cœur, j'eusse été le meilleur et le plus clément des hommes si j'en avois été le plus puissant, et pour éteindre en moi tout desir de vengeance il m'eût suffi de pouvoir me venger. J'aurois même été juste sans peine contre mon propre intérêt, mais contre celui des personnes qui m'étoient chères je n'aurois pu me résoudre à l'être. Dès que mon devoir et mon cœur étoient en contradiction, le premier eut rarement la victoire, à moins qu'il ne fallût seulement que m'abstenir ; alors j'étois fort le plus souvent, mais agir contre mon penchant me fut toujours impossible. Que ce soient les hommes, le devoir ou même la nécessité qui commandent quand mon cœur se tait, ma volonté reste sourde, et je ne saurois obéir. Je vois le mal qui me menace et je le laisse arriver plutôt que de m'agiter pour le prévenir. Je commence quelquefois avec effort mais cet effort me lasse et m'épuise bien vite, je ne saurois continuer. En toute chose imaginable ce que je ne fais pas avec plaisir m'est bientôt impossible à faire.

Il y a plus. La contrainte en désaccord avec mon desir suffit pour l'anéantir, et le changer en répugnance, en aversion même, pour peu qu'elle agisse trop fortement, et voilà ce qui me rend pénible la bonne œuvre qu'on exige et que je faisais de moi-même lorsqu'on ne l'exigeoit pas. Un bienfoit purement gratuit est certainement une œuvre que j'aime à faire. Mais quand celui qui l'a reçu s'en fait un titre pour en exiger la continuation sous peine de sa haine, quand il me fait une loi d'être à jamais son bienfaiteur pour avoir d'abord pris plaisir à l'être, dès lors la gêne commence et le plaisir s'évanouit. Ce que je fais alors quand je cède est faiblesse et mauvaise honte, mais la bonne volonté n'y est plus, et loin que je m'en applaudisse en moi-même, je me reproche en ma conscience de bien faire à contre-cœur

Je sais qu'il y a une espèce de contrat et même le plus saint de tous entre le bienfaiteur et l'obligé. C'est une sorte de société qu'ils forment l'un avec l'autre, plus étroite que celle qui unit les hommes en général, et si l'obligé s'engage tacitement à la reconnaissance, le bienfaiteur s'engage de même à conserver à l'autre, tant qu'il ne s'en rendra pas indigne, la même bonne volonté qu'il vient de lui témoigner et à lui en renouveler les actes toutes les fois qu'il le pourra et qu'il en sera requis. Ce ne sont pas la des conditions expresses, mais ce sont des effets naturels de la relation qui vient de s'établir entre eux. Celui qui la première fois refuse un service gratuit qu'on lui demande ne donne aucun droit de se plaindre à celui qu'il a refusé ; mais celui qui dans un cas semblable refuse au même la même grâce qu'il lui accorda ci-devant frustre une espérance qu'il l'a autorisé à concevoir il trompe et dément une attente qu'il a fait naître. On sent dans ce refus je ne sais quoi d'injuste et de plus dur que dans l'autre ; mais il n'en est pas moins l'effet d'une indépendance que le cœur aime et à laquelle il ne renonce pas sans effort. Quand je paye une dette, c'est un devoir que je remplis quand je fais un don, c'est un plaisir que je me donne. Or le plaisir de remplir ses devoirs est de ceux que la seule habitude de la vertu fait naître : ceux qui nous viennent immédiatement de la nature ne s'élèvent pas si haut que cela.

Après tant de tristes expériences j'ai appris à prévoir de loin les conséquences de mes premiers mouvemens suivis, et je me suis souvent abstenu d'une bonne œuvre que j'avois le desir et le pouvoir de faire, effrayé de l'assujettissement auquel dans la suite je m'allois soumettre si je m'y livrois inconsidérément. Je n'ai pas toujours senti cette crainte, au contraire dans ma jeunesse je m'attachais par mes propres bienfaits, et j'ai souvent éprouvé de même que ceux que j'obligeais s'affectionnoient à moi par reconnaissance encore plus que par intérêt. Mais les choses ont bien changé de face à cet égard comme à tout autre aussitôt que mes malheurs ont commencé. J'ai vécu dès lors dans une génération nouvelle qui ne ressembloit point à la première, et mes propres sentimens pour les autres ont souffert des changemens que j'ai trouvés dans les leurs. Les mêmes gens que j'ai vus successivement dans ces deux générations si différentes se sont pour ainsi dire assimilés successivement à l'une et à l'autre. De vrois et francs qu'ils étoient d'abord, devenus ce qu'ils sont, ils ont fait comme tous les autres et Par cela seul que les tems sont changés, les hommes ont changé comme eux. Eh comment pourrois-je garder les mêmes sentimens pour ceux en qui je trouve le contraire de ce qui les fit naître ? Je ne les hais point, parce que je ne saurois haïr ; mais je ne puis me défendre du mépris qu'ils méritent ni m'abstenir de le leur témoigner.

Peut-être, sans m'en apercevoir, ai-je changé moi-même plus qu'il n'auroit fallu. Quel naturel résisteroit sans altérer à une situation pareille à la mienne ? Convaincu par vingt ans d'expérience que tout ce que la nature a mis d'heureuses dispositions dans mon cœur est tourné par ma destinée et par ceux qui en disposent au préjudice de moi-même ou d'autrui, je ne puis plus regarder une bonne œuvre qu'on me présente à faire que comme un piège qu'on me tend et sous lequel est caché quelque mal. Je sais que, quel que soit l'effet de l'œuvre, je n'en aurai pas moins le mérite de ma bonne intention. Oui, ce mérite y est toujours sans doute, mais le charme intérieur n'y est plus, et sitôt que ce stimulant me manque, je ne sens qu'indifférence et glace au-dedans de moi, et sûr qu'au lieu de faire une action vraiment utile je ne fais qu'un acte de dupe, l'indignation de l'amour-propre jointe au désaveu de la raison ne m'inspire que répugnance et résistance où j'eusse été plein d'ardeur et de zèle dans mon état naturel.

Il est des sortes d'adversités qui élèvent et renforcent l'âme, mais il en est qui l'abattent et la tuent ; telle est celle dont je suis la proie. Pour peu qu'il y eût eu quelque mauvais levain dans la mienne elle l'eût fait fermenter à l'excès, elle m'eût rendu frénétique ; mais elle ne m'a rendu que nul. Hors d'état de bien faire et pour moi-même et pour autrui, je m'abstiens d'agir ; et cet état, qui n'est innocent que parce qu'il est forcé, me fait trouver une sorte de douceur à me livrer pleinement sans reproche à mon penchant naturel. Je vais trop loin sans doute, puisque j'évite les occasions d'agir, même où je ne vois que du bien à faire. Mais certain qu'on ne me laisse pas voir les choses comme elles sont, je m'abstiens de juger sur les apparences qu'on leur donne, et de quelque leurre qu'on couvre les motifs d'agir il suffit que ces motifs soient laissés à ma portée pour que je sois sûr qu'ils sont trompeurs.

Ma destinée semble avoir tendu dès mon enfance le premier piège qui m'a rendu long-tems si facile à tomber dans tous les autres. Je suis né le plus confiant des hommes et durant quarante ans entiers jamais cette confiance ne fut trompée une seule fois. Tombé tout d'un coup dans un autre genre de gens et de choses j'ai donné dans mille embûches sans jamais en apercevoir aucune, et vingt ans d'expérience ont à peine suffi pour m'éclairer sur mon sort. Une fois convaincu qu'il n'y a que mensonge et fausseté dans les démonstrations grimacières qu'on me prodigue, j'ai passé rapidement à l'autre extrémité : car quand on est une fois sorti de son naturel, il n'y a plus de bornes qui nous retiennent. Dès lors je me suis dégoûté des hommes, et ma volonté concourant avec la leur cet égard me tient encore plus éloigné d'eux que font toutes leurs machines.

Ils ont beau faire : cette répugnance ne peut mais aller jusqu'à l'aversion. En pensant à la dépendance où ils se sont mis de moi pour me punir dans la leur, ils me font une pitié réelle. Si je suis malheureux ils le sont eux-mêmes, et chaque fois que je rentre en moi je les trouve toujours à craindre. L'orgueil peut-être se mêle encore à ces égaremens, je me sens trop au-dessus d'eux pour les haïr. Ils peuvent m'intéresser tout au plus jusqu'au mépris, mais jamais jusqu'à la haine. enfin je m'aime trop moi-même pour pouvoir haïr qui que soit. Ce seroit resserrer, comprimer mon existence, et je voudrois plutôt l'étendre sur tout l'univers.

J'aime mieux les fuir que les haïr. Leur aspect frappe mes sens et par eux mon cœur d'impressions que mille regards cruels me rendent pénibles ; mais le malaise cesse aussitôt que l'objet qui cause a disparu. Je m'occupe d'eux, et bien malgré moi par leur présence, mais jamais par leur souvenir. Quand je ne les vois plus, ils sont pour moi comme s'ils n'existoient point.

Ils ne me sont même indifférents qu'en ce qui se rapporte à moi ; car dans leurs rapports entre eux ils peuvent encore m'intéresser et m'émouvoir comme les personnages d'un drame que je verrois représenter. Il faudroit que mon être moral fût anéanti pour que la justice me devînt indifférente. Le spectacle de l'injustice et de la méchanceté me fait encore bouillir le sang de colère ; les actes de vertu où je ne vois ni forfanterie ni ostentation me font toujours tressaillir de joie et m'arrachent encore de douces larmes. Mais il faut que je les voie et les apprécie moi-même ; car après ma propre histoire il faudroit que je fusse insensé pour adopter, sur quoi que ce fût le jugement des hommes, et pour croire aucune chose sur la foi d'autrui.

Si ma figure et mes traits étoient aussi parfaitement inconnus aux hommes que le sont mon caractère et mon naturel, je vivrois encore sans peine au milieu d'eux. Leur société même pourroit me plaire tant que je leur serois parfaitement étranger. Livré sans contrainte à mes inclinations naturelles, je les aimerois encore s'ils ne s'occupoient jamais de moi. J'exercerois sur eux une bienveillance universelle et parfaitement désintéressée : mais sans former jamais d'attachement particulier, et sans porter le joug d'aucun devoir, je ferois envers eux librement et de moi-même tout ce qu'ils ont tant de peine à faire incités par leur amour-propre et contraints par toutes leurs lois.

Si j'étois resté libre, obscur, isolé, comme j'étois fait pour l'être, je n'aurois fait que du bien : car je n'ai dans le cœur le germe d'aucune passion nuisible. Si j'eusse été invisible et tout-puissant comme Dieu, j'aurois été bienfaisant et bon comme lui. C'est la force et la liberté qui font les excellents hommes. La faiblesse et l'esclavage n'ont jamais fait que des méchants. Si j'eusse été possesseur de l'anneau de Gygès, il m'eût tiré de la dépendance des hommes et les eût mis dans la mienne. Je me suis souvent demandé, dans mes châteaux en Espagne, quel usage j'aurois fait de cet anneau ; car c'est bien là que la tentation d'abuser doit être près du pouvoir. Maître de contenter mes desirs, pouvant tout sans pouvoir être trompé par personne, qu'aurois-je pu desirer avec quelque suite ? Une seule chose : c'eût été de voir tous les cœurs contents. L'aspect de la félicité publique eût pu seul toucher mon cœur d'un sentiment permanent, et l'ardent désir d'y concourir eût été ma plus constante passion. Toujours juste sans partialité et toujours bon sans foiblesse, je me serois également garanti des méfiances aveugles et des haines implacables ; parce que, voyant les hommes tels qu'ils sont et lisant aisément au fond de leurs cœurs, j'en aurois peu trouvé d'assez aimables pour mériter toutes mes affections, peu d'assez odieux pour mériter toute ma haine, et que leur méchanceté même m'eût disposé à les plaindre par la connaissance certaine du mal qu'ils se font à eux-mêmes en voulant en faire à autrui. Peut-être aurois-je eu dans des momens de gaieté l'enfantillage d'opérer quelquefois des prodiges : mais parfaitement désintéressé pour moi-même et n'ayant pour loi que mes inclinations naturelles, sur quelques actes de justice sévère j'en aurois fait mille de clémence et d'équité. Ministre de la Providence et dispensateur de ses lois selon mon pouvoir, j'aurois fait des miracles plus sages et plus utiles que ceux de la légende dorée et du tombeau de Saint-Médard.

Il n'y a qu'un seul point sur lequel la faculté de pénétrer partout invisible m'eût pu faire chercher des tentations auxquelles j'aurois mal résisté, et une fois entré dans ces voies d'égarement, où n'eussé-je point été conduit par elles ? Ce seroit bien mal connoître la nature et moi-même que de me flatter que ces facilités ne m'auroient point séduit, ou que la raison m'auroit arrêté dans cette fatale pente. Sûr de moi sur tout autre article j'étois perdu par celui-là seul. Celui que sa puissance met au-dessus de l'homme doit être au-dessus des foiblesses de l'humanité, sans quoi cet excès de force ne servira qu'à le mettre en effet au-dessous des autres et de ce qu'il eût été lui-même s'il fût resté leur égal.

Tout bien considéré, je crois que je ferai mieux de jeter mon anneau magique avant qu'il m'oit fait faire quelque sottise. Si les hommes s'obstinent à me voir tout autre que je ne suis et que mon aspect irrite leur injustice, pour leur ôter cette vue il faut les fuir, mais non pas m'éclipser au milieu d'eux. C'est à eux de se cacher devant moi, de me dérober leurs manœuvres, de fuir la lumiere du jour, de s'enfoncer en terre comme des taupes. Pour moi qu'ils me voient s'ils peuvent, tant mieux, mais cela leur est impossible ; ils ne verront jamais à ma place que le Jean Jacques qu'ils se sont fait et qu'ils ont fait selon leur cœur, pour le haïr à leur aise. J'aurois donc tort de m'affecter de la façon dont ils me voient : je n'y dois prendre aucun intérêt véritable, car ce n'est pas moi qu'ils voient ainsi.

Le résultat que je puis tirer de toutes ces réflexions est que je n'ai jamais été vraiment propre à la société civile où tout est gêne, obligation devoir, et que mon naturel indépendant me rendit toujours incapable des assujettissemens nécessaires à qui veut vivre avec les hommes. Tant que j'agis librement je suis bon et je ne fais que du bien ; mais sitôt que je sens le joug, soit de la nécessité soit des hommes, je deviens rebelle ou plutôt rétif, alors je suis nul. Lorsqu'il faut faire le contraire de ma volonté, je ne le fais point, quoi il arrive ; je ne fais pas non plus ma volonté, parce que je suis foible. Je m'abstiens d'agir : car toute ma foiblesse est pour l'action, toute ma force est négative, et tous mes péchés sont d'omission, rarement de commission. Je n'ai jamais cru que la liberté de l'homme consistât à faire ce qu'il veut, mais bien à ne jamais faire ce qu'il ne veut pas, et voilà celle que j'ai toujours clamée, souvent conservée, et par qui j'ai été le plus en scandale à mes contemporains. Car pour eux, actifs, remuans, ambitieux, détestant la liberté les uns des autres et n'en voulant point pour eux-mêmes pourvu qu'ils fassent quelquefois leur volonté, ou plutôt qu'ils dominent celle d'autrui, ils gênent toute leur vie à faire ce qui leur répugne n'omettent rien de servile pour commander. Leur tort n'a donc pas été de m'écarter de la cité comme un membre inutile, mais de m'en proscrire comme un membre pernicieux : car j'ai peu fait de bien, je l'avoue, mais pour du mal, n'en est entré dans ma volonté de ma vie, et je doute qu'il y oit aucun homme au monde qui en oit réellement moins fait que moi.

PROMENADE VII

Le recueil de mes longs rêves est à peine commencé, et déjà je sens qu'il touche à sa fin. Un autre amusement lui succéde, m'absorbe, et m'ôte même le tems de rêver. Je m'y livre avec un engouement qui tient de l'extravagance et qui me fait rire moi-même quand j'y réfléchis ; mais je ne m'y livre pas moins, parce que dans la situation où me voilà, je n'ai plus d'autre regle de conduite que de suivre en tout mon penchant sans contrainte. Je ne peux rien à mon sort, je n'ai que des inclinations innocentes, et tous les jugemens des hommes étant désormais nuls pour moi, la sagesse même veut qu'en ce qui reste à ma portée je fasse tout ce qui me flatte, soit en public, soit à-part-moi, sans autre regle que ma fantaisie, et sans autre mesure que le peu de force qui m'est resté. Me voilà donc à mon foin pour toute nourriture, et à la Botanique pour toute occupation. Déjà vieux j'en avois pris la premiere teinture en Suisse auprès du Docteur d'Ivernois, et j'avois herborisé assez heureusement durant mes voyages pour prendre une connoissance passable du regne végétal. Mais devenu plus que sexagénaire et sédentaire à Paris, les forces commençant à me manquer pour les grandes herborisations, et d'ailleurs assez livré à ma copie de musique pour n'avoir pas besoin d'autre occupation, j'avois abandonné cet amusement qui ne m'étoit plus nécessaire ; j'avois rendu mon herbier, j'avois vendu mes livres, content de revoir quelquefois les plantes communes que je trouvois autour de Paris dans mes promenades. Durant cet intervalle le peu que je savois s'est presque entièrement effacé de ma mémoire, et bien plus rapidement qu'il ne s'y étoit gravé.

Tout-d'un-coup, âgé de soixante-cinq ans passés, privé du peu de mémoire que j'avois et des forces qui me restoient pour courir la campagne, sans guide, sans livres, sans jardin, sans l'herbier, me voilà repris de cette folie, mais avec plus d'ardeur encore que je n'en eus en m'y livrant la premiere fois, me voilà sérieusement occupé du sage projet d'apprendre par cœur tout le Regnum vegetabile de Murray et de connoître toutes les plantes connues sur la terre. Hors d'état de racheter des livres de botanique, je me suis mis en devoir de transcrire ceux qu'on m'a prêtés et résolu de refaire un herbier plus riche que le premier, en attendant que j'y mette toutes les plantes de la mer et des Alpes et de tous les arbres des Indes, je commence toujours à bon compte par le mouron, le cerfeuil la bourrache et le séneçon ; j'herborise savamment sur la cage de mes oiseaux et à chaque nouveau brin d'herbe que je rencontre je me dis avec satisfaction : voilà toujours une plante de plus.

Je ne cherche pas à justifier le parti que je prends de suivre cette fantaisie, je la trouve très-raisonnable, persuadé que dans la position où je suis, me livrer aux amusemens qui me flattent est une grande sagesse, et même une grande vertu : c'est le moyen de ne laisser germer dans mon cœur aucun levain de vengeance ou de haine, et pour trouver encore dans ma destinée du goût à quelque amusement, il faut assurément avoir un naturel bien épuré de toutes passions irascibles. C'est me venger de mes persécuteurs à ma manière, je ne saurois les punir plus cruellement que d'être heureux malgré eux.

Oui, sans doute la raison me permet, me prescrit même de me livrer à tout penchant qui m'attire et que rien ne m'empêche de suivre, mais elle ne m'apprend pas pourquoi ce penchant m'attire, et quel attroit je puis trouver à une vaine étude faite sans profit, sans progrès, et qui, vieux radoteur déjà caduc et pesant, sans facilité, sans mémoire me ramène aux exercices de la jeunesse et aux leçons d'un écolier. Or c'est une bizarrerie que je voudrois m'expliquer ; il me semble que, bien éclaircie, elle pourroit jeter quelque nouveau jour sur cette connaissance de moi-même à l'acquisition de laquelle j'ai consacré mes derniers loisirs.

J'ai pensé quelquefois assez profondément, mais rarement avec plaisir, presque toujours contre mon gré et comme par force : la rêverie me délasse et m'amuse, la réflexion me fatigue et m'attriste penser fut toujours pour moi une occupation pénible et sans charme. Quelquefois mes rêveries finissent par la méditation, mais plus souvent mes méditations finissent par la rêverie, et durant ces égaremens mon ame erre et plane dans l'univers sur les ailes de l'imagination dans des extases qui passent toute autre jouissance.

Tant que je goûtai celle-là dans toute sa pureté toute autre occupation me fut toujours insipide. Mais quand, une fois jeté dans la carriere littéraire par des impulsions étrangères, je sentis la fatigue du travail d'esprit et l'importunité d'une célébrité malheureuse, je sentis en même tems languir et s'attiédir mes douces rêveries, et bientôt forcé de m'occuper malgré moi de ma triste situation, je ne pus plus retrouver que bien rarement ces chères extases qui durant cinquante ans m'avoient tenu lieu de fortune et de gloire, et sans autre dépense que celle du tems m'avoient rendu dans l'oisiveté le plus heureux des mortels.

J'avois même à craindre dans mes rêveries que mon imagination effarouchée par mes malheurs ne tournât enfin de ce côté son activité, et que le continuel sentiment de mes peines, me resserrant le cœur par degrés, ne m'accablât enfin de leur poids. Dans cet état, un instinct qui m'est naturel, me faisant fuir toute idée attristante, imposa silence à mon imagination et, fixant mon attention sur les objets qui m'environnoient me fit pour la première fois détailler le spectacle de la nature, que je n'avois guère contemplé jusqu'alors qu'en masse et dans son ensemble.

Les arbres, les arbrisseaux, les plantes sont la parure et le vêtement de la terre. Rien n'est si triste que l'aspect d'une campagne nue et pelée qui n'étale aux yeux que des pierres, du limon et des sables. Mais vivifiée par la nature et revêtue de sa robe de noces au milieu du cours des eaux et du chant des oiseaux, la terre offre à l'homme dans l'harmonie des trois règnes un spectacle plein de vie, d'intérêt et de charmes, le seul spectacle au monde dont ses yeux et son cœur ne se lassent jamais.

Plus un contemplateur a l'âme sensible, plus il se livre aux extases qu'excite en lui cet accord. Une rêverie douce et profonde s'empare alors de ses sens, et il se perd avec une délicieuse ivresse dans l'immensité de ce beau système avec lequel il se sent identifié. Alors tous les objets particuliers lui échappent, il ne voit et ne sent rien que dans le tout. Il faut que quelque circonstance particuliere resserre ses idées et circonscrive son imagination pour qu'il puisse observer par partie cet univers qu'il s'efforçoit d'embrasser.

C'est ce qui m'arriva naturellement quand mon cœur resserré par la détresse rapprochoit et concentroit tous ses mouvemens autour de lui pour conserver ce reste de chaleur prêt à s'évaporer et s'éteindre dans l'abattement où je tombais par degré. J'errois nonchalamment dans les bois et dans les montagnes, n'osant penser de peur d'attiser mes douleurs. Mon imagination qui se refuse aux objets de peine laissoit mes sens se livrer aux impressions légères mais douces des objets environnans. Mes yeux se promenoient sans cesse de l'un à l'autre, et il n'étoit pas possible que dans une variété si grande il ne s'en trouvât qui les fixoient davantage et les arrêtoient plus long-tems.

Je pris goût à cette récréation des yeux, qui dans l'infortune repose, amuse, distroit l'esprit et suspend le sentiment des peines. La nature des objets aide beaucoup à cette diversion et la rend plus séduisante. Les odeurs suaves, les vives couleurs, les plus élégantes formes semblent se disputer à l'envi le droit de fixer notre attention. Il ne faut qu'aimer le plaisir pour se livrer à des sensations si douces, et si cet effet n'a pas lieu sur tous ceux qui en sont frappés, c'est dans les uns faute de sensibilité naturelle et dans la plupart que leur esprit trop occupé d'autres idées ne se livre qu'à la dérobée aux objets qui frappent leurs sens. Une autre chose contribue encore à éloigner du règne végétal l'attention des gens de goût ; c'est l'habitude de ne chercher dans les plantes que des drogues et des remèdes. Théophraste s'y étoit pris autrement, et l'on peut regarder ce philosophe comme le seul botaniste de l'antiquité aussi n'est-il presque point connu parmi nous ; mais grâce à un certain Dioscoride, grand compilateur de recettes, et à ses commentateurs la médecine s'est tellement emparée des plantes transformées en exemples qu'on n'y voit que ce qu'on n'y voit point, avoir les prétendues vertus qu'il plaît au tiers et au quart de leur attribuer. On ne conçoit pas que organisation végétale puisse par elle-même mériter quelque attention ; des gens qui passent leur vie arranger savamment des coquilles se moquent de la botanique comme d'une étude inutile quand on n'y joint pas, comme ils disent, celle des propriétés, c'est-à-dire quand on n'abandonne pas l'observation de la nature qui ne ment point et qui ne nous dit rien de tout cela, pour se livrer uniquement à l'autorité des hommes qui sont menteurs et qui affirment beaucoup de choses qu'il faut croire sur une parole, fondée elle-même le plus souvent sur l'autorité d'autrui. Arrêtez-vous dans une prairie émaillée à examiner successivement les fleurs dont elle brille, ceux qui vous verront faire, vous prenant pour un frater, vous demanderont des herbes pour guérir la rogne des enfans, la gale des hommes ou la morve des chevaux.

Ce dégoûtant préjugé est détruit en partie dans les autres pays et sur-tout en Angleterre grâce à Linnæus qui a un peu tiré la botanique des écoles de la pharmacie pour la rendre à l'histoire naturelle et aux usages économiques, mais en France où cette étude a moins pénétré chez les gens du monde, on est resté sur ce point tellement barbare qu'un bel esprit de Paris voyant à Londres tel jardin de curieux plein d'arbres et de plantes rares s'écria pour tout éloge : Voilà un fort beau jardin d'apothicaire ! À ce compte le premier apothicaire fut Adam. Car il n'est pas aisé d'imaginer un jardin mieux assorti de plantes que celui d'Eden.

Ces idées médicinales ne sont assurément guère propres à rendre agréable l'étude de la botanique, elles flétrissent l'émail des prés, l'éclat des fleurs, dessèchent la fraîcheur des bocages, rendent la verdure et les ombrages insipides et dégoûtans ; toutes ces structures charmantes et gracieuses intéressent fort peu quiconque ne veut que piler tout cela dans un mortier, et l'on n'ira pas chercher des guirlandes pour les bergères parmi des herbes pour les lavemens.

Toute cette pharmacie ne souilloit point mes images champêtres ; rien n'en étoit plus éloigné que des tisanes et des emplâtres. J'ai souvent pensé en regardant de près les champs, les vergers, les bois et leurs nombreux habitans que le règne végétal étoit un magasin d'alimens donnés par la nature à l'homme et aux animaux. Mais jamais il ne m'est venu à l'esprit d'y chercher des drogues et des remedes. Je ne vois rien dans ses diverses productions qui m'indique un pareil usage, et elle nous auroit montré le choix si elle nous l'avoit prescrit, comme elle a fait pour les comestibles. Je sens même que le plaisir que je prends à parcourir les bocages seroit empoisonné par le sentiment des infirmités humaines s'il me laissoit penser à la fièvre, à la pierre, à la goutte et au mal caduc. Du reste je ne disputerai point aux végétaux les grandes vertus qu'on leur attribue ; je dirai seulement qu'en supposant ces vertus réelles, c'est malice pure aux malades de continuer à l'être ; car de tant de maladies que les hommes se donnent il n'y en a pas une seule dont vingt sortes d'herbes ne guérissent radicalement.

Ces tournures d'esprit qui rapportent toujours tout à notre intérêt matériel, qui font chercher partout du profit ou des remèdes, et qui feroient regarder avec indifférence toute la nature si l'on se portoit toujours bien, n'ont jamais été les miennes. Je me sens là-dessus tout à rebours des autres hommes : tout ce qui tient au sentiment de mes besoins attriste et gâte mes pensées, et jamais je n'ai trouvé de vrai charme aux plaisirs de l'esprit qu'en perdant tout à fait de vue l'intérêt de mon corps. Ainsi quand même je croirois à la médecine, quand même ses remèdes seroient agréables, je trouverois jamais à m'en occuper ces délices que donne une contemplation pure et désintéressée et mon ame ne sauroit s'exalter et planer sur la nature, tant que je la sens tenir aux liens de mon corps. D'ailleurs sans avoir eu jamais grande constance à la médecine, j'en ai eu beaucoup à des médecins que j'estimais, que j'aimais, et à qui je laissais gouverner ma carcasse avec pleine autorité. Quinze ans d'expérience m'ont instruit à mes dépens ; rentré maintenant sous les seules lois de la nature, j'ai repris par elle ma premiere santé. Quand les médecins n'auroient point contre moi d'autres griefs, qui pourroit s'étonner de leur haine ? Je suis la preuve vivante de la vanité de tout art et de l'inutilité de leurs soins. Non, rien de personnel, rien qui tienne à l'intérêt de mon corps ne peut occuper vraiment mon ame. Je médite, je ne rêve jamais plus délicieusement que quand je m'oublie moi-même. Je sens des extases, des ravissemens inexprimables à me fondre pour ainsi dire dans le système des êtres, à m'identifier avec la nature entière. Tant que les hommes furent mes freres, je me faisais des projets de félicité terrestre ; ces projets étant toujours relatifs au tout je ne pouvois être heureux que de la félicité publique, et jamais l'idée d'un bonheur particulier n'a touché mon cœur que quand j'ai vu mes freres ne chercher le leur que dans ma misere. Alors pour ne les pas haïr il a bien fallu les fuir ; alors, me réfugiant chez la mere commune, j'ai cherché dans ses bras à me soustraire aux atteintes de ses enfans, je suis devenu solitaire, ou comme ils disent, insociable et misanthrope, parce que la plus sauvage solitude me paroît préférable à la société des méchans, qui ne se nourrit que de trahisons et de haine.

Forcé de m'abstenir de penser, de peur de penser à mes malheurs malgré moi, forcé de contenir les restes d'une imagination riante mais languissante, que tant d'angoisses pourroient effaroucher à la fin ; forcé de tâcher d'oublier les hommes, qui m'accablent d'ignominie et d'outrages de peur que l'indignation ne m'aigrît enfin contre eux, je ne puis cependant me concentrer tout entier en moi-même, parce que mon ame expansive cherche malgré que j'en aie à étendre ses sentimens et son existence sur d'autres êtres, et je ne puis plus comme autrefois me jeter tête baissée dans ce vaste océan de la nature, parce que mes facultés affaiblies et relâchées ne trouvent plus d'objets assez déterminés, assez fixes, assez à ma portée pour s'y attacher fortement et que je ne me sens plus assez de vigueur pour nager dans le chaos de mes anciennes extases. Mes idées ne sont presque plus que des sensations, et la sphère de mon entendement ne passe pas les objets dont je suis immédiatement entouré.

Fuyant les hommes, cherchant la solitude, n'imaginant plus, pensant encore moins, et cependant doué d'un tempérament vif qui m'éloigne de l'apathie languissante et mélancolique, je commençai de m'occuper, de tout ce qui m'entourait, et par un instinct fort naturel je donnai la préférence aux objets les plus agréables. Le règne minéral n'a rien en soi d'aimable et d'attrayant ; ses richesses enfermées dans le sein de la terre semblent avoir été éloignées des regards des hommes pour ne pas tenter leur cupidité. Elles sont là comme en réserve pour servir un jour de supplément aux véritables richesses qui sont plus à sa portée et dont il perd le goût à mesure qu'il se corrompt. Alors il faut qu'il appelle l'industrie, la peine et le travail au secours de ses miseres ; il fouille les entrailles de la terre, il va chercher dans son centre aux risques de sa vie et aux dépens de sa santé des biens imaginaires à la place des biens réels qu'elle lui offroit d'elle-même quand il savoit en jouir. Il fuit le soleil et le jour qu'il n'est plus digne de voir ; il s'enterre tout vivant et fait bien, ne méritant plus de vivre à la lumiere du jour. Là, des carrières des gouffres, des forges, des fourneaux, un appareil d'enclumes, de marteaux de fumée et de feu succèdent aux douces images des travaux champêtres. Les visages hâves des malheureux qui languissent dans les infectes vapeurs des mines, de noirs forgerons, de hideux cyclopes sont le spectacle que l'appareil des mines substitue au sein de la terre, à celui de la verdure et des fleurs, du ciel azuré, des bergers amoureux et des laboureurs robustes sur sa surface.

Il est aisé, je l'avoue, d'aller ramassant du sable et des pierres, d'en remplir ses poches et son cabinet et de se donner avec cela les airs d'un naturaliste : mais ceux qui s'attachent et se bornent à ces sortes de collections sont pour l'ordinaire de riches ignorans qui ne cherchent à cela que le plaisir de l'étalage. Pour profiter dans l'étude des minéraux, il faut être chimiste et physicien ; il faut faire des expériences pénibles et coûteuses, travailler dans des laboratoires, dépenser beaucoup d'argent et de tems parmi le charbon, les creusets, les fourneaux, les cornues, dans la fumée et les vapeurs étouffantes, toujours au risque de sa vie et souvent aux dépens de sa santé. De tout ce triste et fatigant travail résulte pour l'ordinaire beaucoup moins de savoir que d'orgueil, et où est le plus médiocre chimiste qui ne croye pas avoir pénétré toutes les grandes opérations de la nature pour avoir trouvé, par hasard peut-être, quelques petites combinaisons de l'art ?

Le regne animal est plus à notre portée et certainement mérite encore mieux d'être étudié. Mais enfin cette étude n'a-t-elle pas aussi ses difficultés ses embarras, ses dégoûts et ses peines ? Surtout pour un solitaire qui n'a ni dans ses jeux ni dans ses travaux d'assistance à espérer de personne. Comment observer, disséquer, étudier, connoître les oiseaux dans les airs, les poissons dans les eaux les quadrupèdes plus légers que le vent, plus forts que l'homme et qui ne sont pas plus disposés à venir s'offrir à mes recherches que moi de courir après eux pour les y soumettre de force ? J'aurois donc pour ressource des escargots, des vers, des mouches, et je passerois ma vie à me mettre hors d'haleine pour courir après des papillons, à empaler de pauvres insectes, à disséquer des souris quand j'en pourrois prendre ou les charognes des bêtes que par hasard je trouverois mortes. L'étude des animaux n'est rien sans l'anatomie, c'est par elle qu'on apprend à les classer, à distinguer les genres, les espèces. Pour les étudier par leurs mœurs, par leurs caractères, il faudroit avoir des volières, des viviers, des ménageries il faudroit les contraindre en quelque maniere que ce pût être à rester rassemblés autour de moi. Je n'ai ni le goût ni les moyens de les tenir en captivité, ni l'agilité nécessaire pour les suivre dans leurs allures quand ils sont en liberté. Il faudra donc les étudier morts, les déchirer, les désosser, fouiller à loisir dans leurs entrailles palpitantes ! Quel appareil affreux qu'un amphithéâtre anatomique, des cadavres puans, de baveuses et livides chairs, du sang des intestins dégoûtans, des squelettes affreux, des vapeurs pestilentielles ! Ce n'est pas là, sur ma parole, que Jean-Jacques ira chercher ses amusemens.

Brillantes fleurs, émail des prés, ombrages frois, ruisseaux, bosquets, verdure venez purifier mon imagination salie par tous ces hideux objets. Mon ame morte à tous les grands mouvemens ne peut plus s'affecter que par des objets sensibles ; je n'ai plus que des sensations, et ce n'est plus que par elles que la peine ou le plaisir peuvent m'atteindre ici-bas. Attiré par les rians objets qui m'entourent, je les considère, je les contemple, je les compare, j'apprends enfin à les classer et me voilà tout d'un coup aussi botaniste qu'a besoin de l'être celui qui ne veut étudier la nature que pour trouver sans cesse de nouvelles raisons de l'aimer.

Je ne cherche point à m'instruire : il est trop tard. D'ailleurs je n'ai jamais vu que tant de science contribuât au bonheur de la vie. Mais je cherche à me donner des amusemens doux et simples que je puisse ajouter sans peine et qui me distroient de mes malheurs. Je n'ai ni dépense à faire ni peine à prendre pour errer nonchalamment d'herbe en herbe, de plante en plante, pour les examiner, pour comparer leurs divers caractères, pour marquer leurs rapports et leurs différences, enfin pour observer l'organisation végétale de maniere à suivre la marche et le jeu des machines vivantes, à chercher quelquefois avec succès leurs lois générales, la raison et la fin de leurs structures diverses, et à me livrer au charme de l'admiration reconnaissante pour la main qui me fait jouir de tout cela.

Les plantes semblent avoir été semées avec profusion sur la terre comme les étoiles dans le ciel, pour inviter l'homme par l'attroit du plaisir et de la curiosité à l'étude de la nature, mais les astres sont placés loin de nous, il faut des connaissances préliminaires, des instrumens, des machines, de bien longues échelles pour les atteindre et les rapprocher à notre portée. Les plantes y sont naturellement. Elles naissent sous nos pieds et dans nos mains pour ainsi dire, et si la petitesse de leurs parties essentielles les dérobe quelquefois à la simple vue, les instrumens qui les y rendent sont d'un beaucoup plus facile usage que ceux de l'astronomie. La botanique est l'étude d'un oisif et paresseux solitaire : une pointe et une loupe sont tout l'appareil dont il a besoin pour les observer. Il se promène, il erre librement d'un objet à l'autre, il fait la revue de chaque fleur avec intérêt et curiosité, et sitôt qu'il commence à saisir les lois de leur structure il goûte à les observer un plaisir sans peine aussi vif que s'il lui en coûtoit beaucoup. Il y a dans cette oiseuse occupation un charme qu'on ne sent que dans le plein calme des passions mais qui suffit seul alors pour rendre la vie heureuse et douce ; mais sitôt qu'on y mêle un motif d'intérêt ou de vanité, soit pour remplir des places ou pour faire des livres, sitôt qu'on ne veut apprendre que pour instruire, qu'on n'herborise que pour devenir auteur ou professeur, tout ce doux charme s'évanouit, on ne voit plus dans les plantes que des instrumens de nos passions, on ne trouve plus aucun vrai plaisir dans leur étude, on ne veut plus savoir mais montrer qu'on sait, et dans les bois on n'est que sur le théâtre du monde, occupé du soin de s'y faire admirer ou bien se bornant à la botanique de cabinet et de jardin tout au plus, au lieu d'observer les végétaux dans la nature, on ne s'occupe que de systèmes et de méthodes ; matiere éternelle de dispute qui ne fait pas connoître une plante de plus et ne jette aucune véritable lumiere sur l'histoire naturelle et le règne végétal. De-là les haines, les jalousies, que la concurrence de célébrité excite chez les botanistes auteurs autant et plus que chez les autres savans. En dénaturant cette aimable étude ils la transplantent au milieu des villes et des académies où elle ne dégénère pas moins que les plantes exotiques dans les jardins des curieux.

Des dispositions bien différentes ont fait pour moi de cette étude une espèce de passion qui remplit le vide de toutes celles que je n'ai plus. Je gravis les rochers, les montagnes, je m'enfonce dans les vallons, dans les bois, pour me dérober autant qu'il est possible au souvenir des hommes et aux atteintes des méchans. Il me semble que sous les ombrages d'une forêt je suis oublié, libre et paisible comme si je n'avois plus d'ennemis ou que le feuillage des bois dût me garantir de leurs atteintes comme il les éloigne de mon souvenir, et je m'imagine dans ma bêtise qu'en ne pensant point à eux ils ne penseront point à moi. Je trouve une si grande douceur dans cette illusion que je m'y livrerois tout entier si ma situation, ma foiblesse et mes besoins me le permettaient. Plus la solitude où je vis alors est profonde, plus il faut que quelque objet en remplisse le vide, et ceux que mon imagination me refuse ou que ma mémoire repousse sont suppléés par les productions spontanées que la terre, non forcée par les hommes, offre à mes yeux de toutes parts. Le plaisir d'aller dans un désert chercher de nouvelles plantes couvre celui d'échapper à mes persécuteurs et, parvenu dans des lieux où je ne vois nulles traces d'hommes, je respire plus à mon aise comme dans un asile où leur haine ne me poursuit plus.

Je me rappellerai toute ma vie une herborisation que je fis un jour du côté de la Robailan, montagne du justicier Clerc. J'étois seul, je m'enfonçai dans les anfractuosités de la montagne, et de bois en bois, de roche en roche, je parvins à un réduit si caché que je n'ai vu de ma vie un aspect plus sauvage. De noirs sapins entremêlés de hêtres prodigieux dont plusieurs tombés de vieillesse et entrelacés les uns dans les autres fermoient ce réduit de barrières impénétrables, quelques intervalles que laissoit cette sombre enceinte n'offroient au-delà que des roches coupées à pic et d'horribles précipices que je n'osais regarder qu'en me couchant sur le ventre. Le duc la chevêche et l'orfraie faisoient entendre leurs cris dans les fentes de la montagne, quelques petits oiseaux rares mais familiers tempéroient cependant l'horreur de cette solitude. Là je trouvai la Dentaire héptaphyllos, le Cyclamen, le Nidus avis, le grand Laserpitium et quelques autres plantes qui me charmerent et m'amuserent long-tems. Mais insensiblement dominé par la forte impression des objets, j'oubliai la botanique et les plantes, je m'assis sur des oreillers de Lycopodium et de mousses, et je me mis à rêver plus à mon aise en pensant que j'étois là dans un refuge ignoré de tout l'univers où les persécuteurs ne me déterreroient pas. Un mouvement d'orgueil se mêla bientôt à cette rêverie. Je me comparois à ces grands voyageurs qui découvrent une île déserte, et je me disais avec complaisance : Sans doute je suis le premier mortel qui oit pénétré jusqu'ici ; je me regardais presque comme un autre Colomb. Tandis que je me pavanois dans cette idée, j'entendis peu loin de moi un certain cliquetis que je crus reconnoître ; j'écoute : le même bruit se répete et se multiplie. Surpris et curieux je me leve, je perce à travers un fourré de broussailles du côté d'où venoit le bruit, et dans une combe à vingt pas du lieu même où je croyois être parvenu le premier j'aperçois une manufacture de bas.

Je ne saurois exprimer l'agitation confuse et contradictoire que je sentis dans mon cœur à cette découverte. Mon premier mouvement fut un sentiment de joie de me retrouver parmi des humains où je m'étois cru totalement seul. Mais ce mouvement plus rapide que l'éclair, fit bientôt place à un sentiment douloureux plus durable, comme ne pouvant dans les antres mêmes des Alpes échapper aux cruelles mains des hommes, acharnés à me tourmenter. Car j'étois bien sûr qu'il n'y avoit peut- être pas deux hommes dans cette fabrique qui se fussent initiés dans le complot dont le prédicant Montmollin s'étoit fait le chef, et qui tiroit de plus loin ses premiers mobiles. Je me hâtai d'écarter cette triste idée et je finis par rire en moi-même et de ma vanité puérile et de la maniere comique dont j'en avois été puni.

Mais en effet qui jamais eût dû s'attendre à trouver une manufacture dans un précipice ! Il n'y que la Suisse au monde qui présente ce mélange de la nature sauvage et de l'industrie humaine. La Suisse entiere n'est pour ainsi dire qu'une grande ville dont les rues, larges et longues plus que celle de Saint-Antoine, sont semées de forêts, coupées de montagnes, et dont les maisons éparses et isolées ne communiquent entre elles que par des jardins anglais. Je me rappelai à ce sujet une autre herborisation que du Peyrou, d'Escherny, le colonel Pury, le justicier Clerc et moi avions faite il y avoit quelque tems sur la montagne de Chasseron, du sommet de laquelle on découvre sept lacs. On nous dit qu'il n'y avoit qu'une seule maison sur cette montagne, et nous n'eussions sûrement pas deviné la profession de celui qui l'habitoit si l'on n'eût ajouté que c'étoit un libraire, et qui même faisoit fort bien ses affaires dans le pays. Il me semble qu'un seul fait de cette espèce fait mieux connoître la Suisse que toutes les descriptions des voyageurs.

En voici un autre de même nature ou à peu près qui ne fait pas moins connoître un peuple fort différent. Durant mon séjour à Grenoble je faisais souvent de petites herborisations hors de la ville avec le sieur Bovier avocat de ce pays-là, non pas qu'il aimât ni sût la botanique, mais parce que s'étant fait mon garde de la manche, il se faisait, autant que la chose étoit possible, une loi de ne pas me quitter d'un pas. Un jour nous nous promenions le long de l'Isère dans un lieu tout plein de saules épineux. Je vis sur ces arbrisseaux des fruits mûrs j'eus la curiosité d'en goûter et, leur trouvant une petite acidité très-agréable, je me mis à manger de ces grains pour me rafraîchir ; le sieur Bovier se tenoit à côté de moi sans m'imiter et sans rien dire. Un de ses amis survint, qui me voyant picorer ces grains me dit : eh ! monsieur, que faites-vous là ? Ignorez-vous que ce fruit empoisonne ? Ce fruit empoisonne, m'écriai-je tout surpris. Sans doute, reprit-il, et tout le monde fait si bien cela, que

C'eft sans doute la reflemblance des noms qui a entraîné M. Roufleau k appliquer l'anecdote du Libraire, à ClwJJ'cron , au lieu de Chafftral , autre montagne trcs-élevée fur ks frontières de la Principauté de Neufçhâtel. personne dans le pays ne s'avise d'en goûter." Je regardai le sieur Bovier et je lui dis : "Pourquoi donc ne m'avertissiez-vous pas ? — Ah ! monsieur me répondit-il d'un ton respectueux, je n'osais pas prendre cette liberté." Je me mis à rire de cette humilité dauphinoise, en discontinuant néanmoins ma petite collation. J'étois persuadé, comme je le suis encore, que toute production naturelle agréable au goût ne peut être nuisible au corps ou ne l'est du moins que par son excès. Cependant j'avoue que je m'écoutai un peu tout le reste de la journée : mais j'en fus quitte pour un peu d'inquiétude, je soupai très-bien, dormis mieux, et me levai le matin en parfaite santé, après avoir avalé la veille quinze ou vingt grains de ce terrible Hippophage, qui empoisonne à très-petite dose, à ce que tout le monde me dit à Grenoble le lendemain. Cette aventure me parut si plaisante que je ne me la rappelle jamais sans rire de la singuliere discrétion de M. l'avocat Bovier.

Toutes mes courses de botanique, les diverses impressions du local, des objets qui m'ont frappé, les idées qu'il m'a fait naître, les incidents qui s'y sont mêlés, tout cela m'a laissé des impressions qui se renouvellent par l'aspect des plantes herborisées dans ces mêmes lieux. Je ne reverrai plus ces beaux paysages, ces forêts, ces lacs, ces bosquets, ces rochers, ces montagnes, dont l'aspect a toujours touché mon cœur : mais maintenant que je ne peux plus courir ces heureuses contrées je n'ai qu'à ouvrir mon herbier et bientôt il m'y transporte. Les fragmens des plantes que j'y ai cueillies suffisent pour me rappeler tout ce magnifique spectacle. Cet herbier est pour moi un journal d'herborisations qui me les fait recommencer avec un nouveau charme et produit l'effet d'un optique qui les peindroit derechef à mes yeux. C'est la chaîne des idées accessoires qui m'attache à la botanique. Elle rassemble et rappelle à mon imagination toutes les idées qui la flattent davantage. Les prés, les eaux, les bois, la solitude, la paix sur-tout et le repos qu'on trouve au milieu de tout cela sont retracés par elle incessamment à ma mémoire. Elle me fait oublier les persécutions des hommes, leur haine, leur mépris, leurs outrages, et tous les maux dont ils ont payé mon tendre et sincère attachement pour eux. Elle me transporte dans des habitations paisibles au milieu de gens simples et bons tels que ceux avec qui j'ai vécu jadis. Elle me rappelle et mon jeune âge et mes innocents plaisirs, elle m'en fait jouir derechef, et me rend heureux bien souvent encore au milieu du plus triste sort qu'oit subi jamais un mortel.

PROMENADE VIII

En méditant sur les dispositions de mon ame dans toutes les situations de ma vie, je suis extrêmement frappé de voir si peu de proportion entre les diverses combinaisons de ma destinée, et les sentimens habituels de bien ou mal-être dont elles m'ont affecté. Les divers intervalles de mes courtes prospérités ne m'ont laissé presqu'aucun souvenir agréable de la maniere intime et permanente dont elles m'ont affecté ; et au contraire dans toutes les miseres de ma vie, je me sentois constamment rempli de sentimens tendres, touchans, délicieux, qui versant un baume salutaire sur les blessures de mon cœur navré, sembloient en convertir la douleur en volupté, et dont l'aimable souvenir me revient seul, dégagé de celui des maux que j'éprouvois en même tems. Il me semble que j'ai plus goûté la douceur de l'existence ; que j'ai réellement plus vécu quand mes sentimens resserrés pour ainsi dire, autour de mon cœur par ma destinée, n'alloient point s'évaporant au-dehors, sur tous les objets de l'estime des hommes qui en méritent si peu par eux-mêmes, et qui font l'unique occupation des gens que l'on croit heureux.

Quand tout étoit dans l'ordre autour de moi ; quand j'étois content de tout ce qui m'entouroit et de la sphere dans laquelle j'avois à vivre, je la remplissois de mes affections. Mon ame expansive s'étendoit sur d'autres objets. Et toujours attiré loin de moi par des goûts de mille especes, par des attachemens aimables qui sans cesse occupoient mon cœur, je m'oubliois en quelque façon moi-même, j'étois tout entier à ce qui m'étoit étranger et j'éprouvois dans la continuelle agitation de mon cœur toute la vicissitude des choses humaines. Cette vie orageuse ne me laissoit ni paix au-dedans ni repos au-dehors. Heureux en apparence, je n'avois pas un sentiment qui pût soutenir l'épreuve de la réflexion et dans lequel je pusse vraiment me complaire. Jamais je n'étois parfaitement content ni d'autrui ni de moi-même. Le tumulte du monde m'étourdissoit la solitude m'ennuyait, j'avois sans cesse besoin de changer de place et je n'étois bien nulle part. J'étois fêté pourtant, bien voulu, bien reçu, caressé partout. Je n'avois pas un ennemi, pas un malveillant, pas un envieux. Comme on ne cherchoit qu'à m'obliger j'avois souvent le plaisir d'obliger moi-même beaucoup de monde, et sans bien, sans emploi, sans fauteurs ni sans grands talents bien développés ni bien connus je jouissais des avantages attachés à tout cela, et je ne voyais personne dans aucun état dont le sort me parût préférable au mien. Que me manquait-il donc pour être heureux, je l'ignore ; mais je sais que je ne l'étois pas. Que me manque-t-il aujourd'hui pour être le plus infortuné des mortels ? Rien de tout ce que les hommes ont pu mettre du leur pour cela. Eh bien, dans cet état déplorable je ne changerois pas encore d'être et de destinée contre le plus fortuné d'entre eux, et j'aime encore mieux être moi dans toute ma misere que d'être aucun de ces gens-là dans toute leur prospérité. Réduit à moi seul, je me nourris, il est vrai, de ma propre substance, mais elle ne s'épuise pas et je me suffis à moi-même, quoique je rumine pour ainsi dire à vide, et que mon imagination tarie et mes idées éteintes ne fournissent plus d'alimens à mon cœur. Mon ame offusquée, obstruée par mes organes, s'affaisse de jour en jour et sous le poids de ces lourdes masses n'a plus assez de vigueur pour s'élancer comme autrefois hors de sa vieille enveloppe.

C'est à ce retour sur nous-mêmes que nous force l'adversité, et c'est peut-être là ce qui la rend le plus insupportable à la plupart des hommes. Pour moi qui ne trouve à me reprocher que des fautes, j'en accuse ma foiblesse et je me console ; car jamais mal prémédité n'approcha de mon cœur.

Cependant, à moins d'être stupide, comment contempler un moment ma situation sans la voir aussi horrible qu'ils l'ont rendue, et sans périr de douleur et de désespoir ? Loin de cela, moi le plus sensible des êtres, je la contemple et ne m'en émeus pas, et sans combats, sans efforts sur moi-même, je me vois presque avec indifférence dans un état dont nul autre homme peut-être ne supporteroit l'aspect sans effroi.

Comment en suis-je venu là ? Car j'étois bien loin de cette disposition paisible au premier soupçon du complot dont j'étois enlacé depuis long-tems sans m'en être aucunement aperçu. Cette découverte nouvelle me bouleversa. L'infamie et la trahison me surprirent au dépourvu. Quelle ame honnête est préparée à de tels genres de peines ? Il faudroit les mériter pour les prévoir. Je tombai dans tous les pièges qu'on creusa sous mes pas, l'indignation, la fureur, le délire s'emparerent de moi, je perdis la tramontane. Ma tête se bouleversa, et dans les ténebres horribles où l'on n'a cessé de me tenir plongé je n'aperçus plus ni lueur pour me conduire, ni appui ni prise où je pusse me tenir ferme et résister au désespoir qui m'entraînait.

Comment vivre heureux et tranquille dans cet état affreux ? J'y suis pourtant encore et plus enfoncé que jamais, et j'y ai retrouvé le calme et la paix et j'y vis heureux et tranquille et j'y ris des incroyables tourmens que mes persécuteurs se donnent sans cesse tandis que je reste en paix occupé de fleurs, d'étamines et d'enfantillages, et que je ne songe pas même à eux.

Comment s'est fait ce passage ? Naturellement insensiblement et sans peine. La premiere surprise fut épouvantable. Moi qui me sentois digne d'amour et d'estime, moi qui me croyais honoré, chéri comme je méritois de l'être, je me vis travesti tout d'un coup en un monstre affreux tel qu'il n'en exista jamais. Je vois toute une génération se précipiter tout entiere dans cette étrange opinion, sans explication, sans doute, sans honte, et sans que je puisse parvenir à savoir jamais la cause de cette étrange révolution. Je me débattis avec violence et ne fis que mieux m'enlacer. Je voulus forcer mes persécuteurs à s'expliquer avec moi, ils n'avoient garde. Après m'être long-tems tourmenté sans succès, il fallut bien prendre haleine. Cependant j'espérois toujours, je me disais : Un aveuglement si stupide, une si absurde prévention ne sauroit gagner tout le genre humain. Il y a des hommes de sens qui ne partagent pas le délire, il y a des ames justes qui détestent la fourberie et les traîtres. Cherchons, je trouverai peut-être enfin un homme si je le trouve, ils sont confondus. J'ai cherché vainement, je ne l'ai point trouvé. La ligue est universelle, sans exception, sans retour, et je suis sûr d'achever mes jours dans cette affreuse proscription, sans jamais en pénétrer le mystère.

C'est dans cet état déplorable qu'après de longues angoisses, au lieu du désespoir qui sembloit devoir être enfin mon, partage, j'ai retrouvé la sérénité, la tranquillité, la paix, le bonheur même, puisque chaque jour de ma vie me rappelle avec plaisir celui de la veille, et que je n'en desire point d'autre pour le lendemain.

D'où vient cette différence ? D'une seule chose ; c'est que j'ai appris à porter le joug de la nécessité sans murmure. C'est que je m'efforçois de tenir encore à mille choses et que toutes ces prises m'ayant successivement échappé, réduit à moi seul j'ai repris enfin mon assiette. Pressé de tous côtés je demeure en équilibre, parce que je ne m'attache plus à rien, je ne m'appuie que sur moi.

Quand je m'élevois avec tant d'ardeur contre l'opinion, je portois encore son joug sans que je m'en aperçusse. On veut être estimé des gens qu'on estime, et tant que je pus juger avantageusement des hommes ou du moins de quelques hommes, les jugemens qu'ils portoient sur moi ne pouvoient m'être indifférents. Je voyais que souvent les jugemens du public sont équitables, mais je ne voyais pas que cette équité même étoit l'effet du hasard, que les règles sur lesquelles les hommes fondent leurs opinions ne sont tirées que de leurs passions ou de leurs préjugés qui en sont l'ouvrage et que, lors même qu'ils jugent bien, souvent encore ces bons jugemens naissent d'un mauvois principe, comme lorsqu'ils feignent d'honorer en quelque succès le mérite d'un homme, non par esprit de justice mais pour se donner un air impartial en calomniant tout à leur aise le même homme sur d'autres points.

Mais quand, après de longues et vaines recherches, je les vis tous rester sans exception dans le plus inique et absurde système que l'esprit infernal pût inventer ; quand je vis qu'à mon égard la raison étoit bannie de toutes les têtes et l'équité de tous les cœurs ; quand je vis une génération frénétique se livrer tout entiere à l'aveugle fureur de ses guides contre un infortuné qui jamais ne fit, ne voulut, ne rendit de mal à personne, quand après avoir vainement cherché un homme il fallut éteindre enfin ma lanterne et m'écrier : Il n'y en a plus ; alors je commençai à me voir seul sur la terre, et je compris que mes contemporains n'étoient par rapport à moi que des êtres mécaniques qui n'agissoient que par impulsion et dont je ne pouvois calculer l'action que par les lois du mouvement. Quelque intention, quelque passion que j'eusse pu supposer dans leurs ames, elles n'auroient jamais expliqué leur conduite à mon égard d'une façon que je pusse entendre. C'est ainsi que leurs dispositions intérieures cesserent d'être quelque chose pour moi. Je ne vis plus en eux que des masses différemment mues, dépourvues à mon égard de toute moralité.

Dans tous les maux qui nous arrivent, nous regardons plus à l'intention qu'à l'effet. Une tuile qui tombe d'un toit peut nous blesser davantage mais ne nous navre pas tant qu'une pierre lancée à dessein par une main malveillante. Le coup porte à faux quelquefois, mais l'intention ne manque jamais son atteinte. La douleur matérielle est ce qu'on sent le moins dans les atteintes de la fortune, et quand les infortunés ne savent à qui s'en prendre de leurs malheurs ils s'en prennent à la destinée qu'ils personnifient et à laquelle ils prêtent des yeux et une intelligence pour les tourmenter à dessein. C'est ainsi qu'un joueur dépité par ses pertes se met en fureur sans savoir contre qui. Il imagine un sort qui s'acharne à dessein sur lui pour le tourmenter et, trouvant un aliment à sa colère il s'anime et s'enflamme contre l'ennemi qu'il s'est créé. L'homme sage qui ne voit dans tous les malheurs qui lui arrivent que les coups de l'aveugle nécessité n'a point ces agitations insensées il crie dans sa douleur mais sans emportement, sans colère ; il ne sent du mal dont il est la proie que l'atteinte matérielle, et les coups qu'il reçoit ont beau blesser sa personne, pas un n'arrive jusqu'à son cœur.

C'est beaucoup que d'en être venu là, mais ce n'est pas tout si l'on s'arrête. C'est bien avoir coupé le mal mais c'est avoir, laissé la racine. Car cette racine n'est pas dans les êtres qui nous sont étrangers, elle est en nous-mêmes et c'est là qu'il faut travailler pour l'arracher tout à fait. Voilà ce que je sentis parfaitement dès que je commençai de revenir à moi. Ma raison ne me montrant qu'absurdités dans toutes les explications que je cherchais à donner à ce qui m'arrive, je compris que les causes, les instrumens, les moyens de tout cela m'étant inconnus et inexplicables, devoient être nuls pour moi. Que je devois regarder tous les détails de ma destinée comme autant d'actes d'une pure fatalité où je ne devois supposer ni direction, ni intention, ni cause morale, qu'il falloit m'y soumettre sans raisonner et sans regimber, parce que cela étoit inutile, que tout ce que j'avois à faire encore sur la terre étant de m'y regarder comme un être purement passif, je ne devois point user à résister inutilement à ma destinée la force qui me restoit pour la supporter. Voilà ce que je me disais. Ma raison, mon cœur y acquiesçoient et néanmoins je sentois ce cœur murmurer encore. D'où venoit ce murmure ? Je le cherchai, je le trouvai ; il venoit de l'amour-propre qui après s'être indigné contre les hommes se soulevoit encore contre la raison.

Cette découverte n'étoit pas si facile à faire qu'on pourroit croire, car un innocent persécuté prend long-tems pour un pur amour de la justice l'orgueil de son petit individu. Mais aussi la véritable source, une fois bien connue, est facile à tarir ou du moins à détourner. L'estime de soi-même est le plus grand mobile des ames fières, l'amour-propre, fertile en illusions, se déguise et se fait prendre pour cette estime, mais quand la fraude enfin se découvre et que l'amour-propre ne peut plus se cacher, dès lors il n'est plus à craindre et quoiqu'on l'étouffe avec peine on le subjugue au moins aisément.

Je n'eus jamais beaucoup de pente à l'amour-propre, mais cette passion factice s'étoit exaltée en moi dans le monde et sur-tout quand je fus auteur, j'en avois peut-être encore moins qu'un autre mais j'en avois prodigieusement. Les terribles leçons que j'ai reçues l'ont bientôt renfermé dans ses premières bornes ; il commença par se révolter contre l'injustice mais il a fini par la dédaigner. En se repliant sur mon ame, en coupant les relations extérieur et qui le rendent exigeant, en renonçant aux comparaisons, aux préférences, il s'est contenté que je fusse bon pour moi ; alors, redevenant amour de moi-même il est rentré dans l'ordre de la nature et m'a délivré du joug de l'opinion.

Dès-lors j'ai retrouvé la paix de l'âme et presque la félicité ; car, dans quelque situation qu'on se trouve ce n'est que par lui qu'on est constamment malheureux. Quand il se toit et que la raison parle elle nous console enfin de tous les maux qu'il n'a pas dépendu de nous d'éviter. Elle les anéantit même autant qu'ils n'agissent pas immédiatement sur nous, car on est sûr alors d'éviter leurs plus poignantes atteintes en cessant de s'en occuper. Ils ne sont rien pour celui qui n'y pense pas. Les offenses, les vengeances, les passe-droits, les outrages, les injustices ne sont rien pour celui qui ne voit dans les maux qu'il endure que le mal même et non pas l'intention, pour celui dont la place ne dépend pas dans sa propre estime de celle qu'il plaît aux autres de lui accorder. De quelque façon que les hommes veuillent me voir, ils ne sauroient changer mon être, et malgré leur puissance et malgré toutes leurs sourdes intrigues, je continuerai, quoi qu'ils fassent, d'être en dépit d'eux ce que je suis. Il est vrai que leurs dispositions à mon égard influent sur ma situation réelle, la barriere qu'ils ont mise entre eux et moi m'ôte toute ressource de subsistance et d'assistance dans ma vieillesse et mes besoins. Elle me rend l'argent même inutile, puisqu'il ne peut me procurer les services qui me sont nécessaires, il n'y a plus ni commerce ni secours réciproque, ni correspondance entre eux et moi. Seul au milieu d'eux, je n'ai que moi seul pour ressource et cette ressource est bien foible à mon âge et dans l'état où je suis. Ces maux sont grands, mais ils ont perdu sur moi toute leur force depuis que j'ai su les supporter sans m'en irriter. Les points où le vrai besoin se fait sentir sont toujours rares. La prévoyance et l'imagination les multiplient, et c'est par cette continuité de sentimens qu'on s'inquiète et qu'on se rend malheureux. Pour moi j'ai beau savoir que je souffrirai demain, il me suffit de ne pas souffrir aujourd'hui pour être tranquille. Je ne m'affecte point du mal que je prévois mais seulement de celui que je sens, et cela le réduit à très-peu de chose. Seul, malade et délaissé dans mon lit, j'y peux mourir d'indigence, de froid et de faim sans que personne s'en mette en peine. Mais qu'importe, si je ne m'en mets pas en peine moi-même et si je m'affecte aussi peu que les autres de mon destin quel qu'il soit ? N'est-ce rien, sur-tout à mon âge, que d'avoir appris à voir la vie et la mort, la maladie et la santé, la richesse et la misere, la gloire et la diffamation avec la même indifférence ? Tous les autres vieillards s'inquiètent de tout, moi je ne m'inquiète de rien, quoi qu'il puisse arriver tout m'est indifférent, et cette indifférence n'est pas l'ouvrage de ma sagesse, elle est celui de mes ennemis et devient une compensation des maux qu'ils me font. En me rendant insensible à l'adversité ils m'ont fait plus de bien que s'ils m'eussent épargné ses atteintes. En ne l'éprouvant pas je pourrois toujours la craindre, au lieu qu'en la subjuguant je ne la crains plus.

Cette disposition me livre, au milieu des traverses de ma vie, à l'incurie de mon naturel presque aussi pleinement que si je vivois dans la plus complète prospérité. Hors les courts momens où je suis rappelé par la présence des objets aux plus douloureuses inquiétudes, tout le reste du tems livré par mes penchans aux affections qui m'attirent, mon cœur se nourrit encore des sentimens pour lesquels il étoit né, et j'en jouis avec des êtres imaginaires qui les produisent et qui les partagent comme si ces êtres existoient réellement. Ils existent pour moi qui les ai créés et je ne crains ni qu'ils me trahissent ni qu'ils m'abandonnent. Ils dureront autant que mes malheurs mêmes et suffiront pour me les faire oublier. Tout me ramène à la vie heureuse et douce pour laquelle j'étois né. Je passe les trois quarts de ma vie ou occupé d'objets instructifs et même agréables auxquels je livre avec délices mon esprit et mes sens, ou avec les enfans de mes fantaisies que j'ai créés selon mon cœur et dont le commerce en nourrit les sentimens, ou avec moi seul, content de moi-même et déjà plein du bonheur que je sens m'être dû. En tout ceci l'amour de moi-même fait toute l'œuvre, l'amour-propre n'y entre pour rien. Il n'en est pas ainsi des tristes momens que je passe encore au milieu des hommes, jouet de leurs caresses traîtresses de leurs complimens ampoulés et dérisoires, de leur mielleuse malignité. De quelque façon que je m'y sois pu prendre, l'amour-propre alors fait son jeu. La haine et l'animosité que je vois dans leurs cœurs à travers cette grossiere enveloppe déchirent le mien de douleur et l'idée d'être ainsi sottement pris pour dupe ajoute encore à cette douleur un dépit très-puéril, fruit d'un sot amour-propre dont je sens toute la bêtise mais que je ne puis subjuguer. Les efforts que j'ai faits pour m'aguerrir à ces regards insultans et moqueurs sont incroyables. Cent fois j'ai passé par les promenades publiques et par les lieux les plus fréquentées dans l'unique dessein de m'exercer à ces cruelles bourdes ; non seulement je n'y ai pu parvenir mais je n'ai même rien avancé, et tous mes pénibles mais vains efforts m'ont laissé tout aussi facile à troubler, à navrer, à indigner qu'auparavant.

Dominé par mes sens quoi que je puisse faire, je n'ai jamais su résister à leurs impressions, et tant que l'objet agit sur eux mon cœur ne cesse d'en être affecté, mais ces affections passagères ne durent qu'autant que la sensation qui les cause. La présence de l'homme haineux m'affecte violemment, mais sitôt qu'il disparaît l'impression cesse ; à l'instant que je ne le vois plus je n'y pense plus. J'ai beau savoir qu'il va s'occuper de moi, je ne saurois m'occuper de lui. Le mal que je ne sens point actuellement ne m'affecte en aucune sorte, le persécuteur que je ne vois point est nul pour moi. Je sens l'avantage que cette position donne à ceux qui disposent de ma destinée. Qu'ils en disposent donc tout à leur aise. J'aime encore mieux qu'ils me tourmentent sans résistance que d'être forcé de penser à eux pour me garantir de leurs coups.

Cette action de mes sens sur mon cœur fait le seul tourment de ma vie. Les jours où je ne vois personne, je ne pense plus à ma destinée, je ne la sens plus, je ne souffre plus, je suis heureux et content sans diversion sans obstacle. Mais s'échappe rarement à quelque atteinte sensible, et lorsque j'y pense le moins, un geste, un regard sinistre que j'aperçois, un mot envenimé que j'entends, un malveillant que je rencontre suffit pour me bouleverser. Tout ce que je puis faire en pareil cas est d'oublier bien vite et de fuir. Le trouble de mon cœur disparaît avec l'objet qui l'a causé et je rentre dans le calme aussitôt que je suis seul. Ou si quelque chose m'inquiète, c'est la crainte de rencontrer sur mon passage quelque nouveau sujet de douleur. C'est là ma seule peine, mais elle suffit pour altérer mon bonheur. Je loge au milieu de Paris. En sortant de chez moi je soupire après la campagne et la solitude, mais il faut l'aller chercher si loin qu'avant de pouvoir respirer à mon aise je trouve en mon chemin mille objets qui me serrent le cœur, et la moitié de la journée se passe en angoisses avant que j'aie atteint l'asile que je vois chercher. Heureux du moins quand on me laisse achever ma route. Le moment où j'échappe au cortège des méchans est délicieux, et sitôt que je me vois sous les arbres, au milieu de la verdure, je crois me voir dans le paradis terrestre et je goûte un plaisir interne aussi vif que si j'étois le plus heureux des mortels.

Je me souviens parfaitement que durant mes courtes prospérités ces mêmes promenades solitaires qui me sont aujourd'hui si délicieuses m'étoient insipides et ennuyeuses. Quand j'étois chez quelqu'un à la campagne, le besoin de faire de l'exercice et de respirer le grand air me faisoit souvent sortir seul, et m'échappant comme un voleur je m'allois promener dans le parc ou dans la campagne, mais loin d'y trouver le calme heureux que j'y goûte aujourd'hui, j'y portois l'agitation des vaines idées qui m'avoient occupé dans le salon ; le souvenir de la compagnie que j'y avois laissée m'y suivait. Dans la solitude, les vapeurs de l'amour-propre et le tumulte du monde ternissoient à mes yeux la fraîcheur des bosquets et troubloient la paix de la retraite. J'avois beau fuir au fond des bois, une foule importune m'y suivoit partout et voiloit pour moi toute la nature. Ce n'est qu'après m'être détaché des passions sociales et de leur triste cortège que je l'ai retrouvée avec tous ses charmes.

Convaincu de l'impossibilité de contenir ces premiers mouvemens involontaires, j'ai cessé tous mes efforts pour cela. Je laisse à chaque atteinte mon sang s'allumer, la colère et l'indignation s'emparer de mes sens, je cède à la nature cette première explosion que toutes mes forces ne pourroient arrêter ni suspendre. Je tâche seulement d'en arrêter les suites avant qu'elle oit produit aucun effet. Les yeux étincelans, le feu du visage, le tremblement des membres, les suffocantes palpitations, tout cela tient au seul physique et le raisonnement n'y peut rien, mais après avoir laissé faire au naturel sa première explosion l'on peut redevenir son propre maître en reprenant peu-à-peu ses sens ; c'est ce que j'ai tâché de faire long-tems sans succès, mais enfin plus heureusement. Et cessant d'employer ma force en vaine résistance, j'attends le moment de vaincre en laissant agir ma raison, car elle ne me parle que quand elle peut se faire écouter. Eh ! que dis-je, hélas ! ma raison ? J'aurois grand tort encore de lui faire l'honneur du triomphe, car elle n'y a guère de part. Tout vient également d'un tempérament versatile qu'un vent impétueux agite, mais qui rentre dans le calme à l'instant que le vent ne souffle plus. C'est mon naturel ardent qui m'agite, c'est mon naturel indolent qui m'apaise. Je cède à toutes les impulsions présentes, tout choc me donne un mouvement vif et court ; sitôt qu'il n'y a plus de choc, le mouvement cesse rien de communiqué ne peut se prolonger en moi. Tous les événemens de la fortune, toutes les machines des hommes ont peu de prise sur un homme ainsi constitué. Pour m'affecter de peines durables, il faudroit que l'impression se renouvelât à chaque instant. Car les intervalles quelques courts qu'ils soient, suffisent pour me rendre à moi-même. Je suis ce qu'il plaît aux hommes tant qu'ils peuvent agir sur mes sens ; mais au premier instant de relâche, je redeviens ce que la nature a voulu, c'est là, quoi qu'on puisse faire mon état le plus constant et celui par lequel en dépit de la destinée je goûte un bonheur pour lequel je me sens constitué. J'ai décrit cet état dans une de mes rêveries. Il me convient si bien que je ne desire autre chose que sa durée et ne crains que de le voir troublé. Le mal que m'ont fait les hommes ne me touche en aucune sorte, la crainte seule de celui qu'ils peuvent me faire encore est capable de m'agiter ; mais certain qu'ils n'ont plus de nouvelle prise par laquelle ils puissent m'affecter d'un sentiment permanent, je me ris de toutes leurs trames et je jouis de moi-même en dépit d'eux.

PROMENADE IX

Le bonheur est un état permanent qui ne semble pas fait ici-bas pour l'homme. Tout est sur la terre dans un flux continuel qui ne permet à rien d'y prendre une forme constante. Tout change autour de nous. Nous changeons nous-mêmes, et nul ne peut s'assurer qu'il aimera demain ce qu'il aime aujourd'hui. Ainsi tous nos projets de félicité pour cette vie sont des chimeres. Profitons du contentement d'esprit quand il vient, gardons-nous de l'éloigner par notre faute, mais ne faisons pas des projets pour l'enchaîner, car ces projets là sont de pures folies. J'ai peu vu d'hommes heureux, peut-être point : mais j'ai souvent vu des cœurs contens, et de tous les objets qui m'ont frappé, c'est celui qui m'a le plus contenté moi-même. Je crois que c'est une suite naturelle du pouvoir des sensations sur mes sentimens internes. Le bonheur n'a point d'enseigne extérieure ; pour le connoître il faudroit lire dans le cœur de l'homme heureux ; mais le contentement se lit dans les yeux, dans le maintien, dans l'accent, dans la démarche, et semble se communiquer à celui qui l'aperçoit. Est-il une jouissance plus douce que de voir un peuple entier se livrer à la joie un jour de fête, et tous les cœurs s'épanouir aux rayons expansifs du plaisir qui passe rapidement, mais vivement, à travers les nuages de la vie ? . . . .

Il y a trois jours que M. P. vint avec un empressement extraordinaire me montrer l'éloge de Madame Geoffrin par M. D. La lecture fut précédée de longs et grands éclats de rire sur le ridicule néologisme de cette pièce et sur les badins jeux de mots dont il la disoit remplie. Il commença de lire en riant toujours, je l'écoutai d'un sérieux qui le calma, et voyant que je ne l'imitois point il cessa enfin de rire. L'article le plus long et le plus recherché de cette pièce rouloit sur le plaisir que prenoit madame Geoffrin à voir les enfans et à les faire causer. L'auteur tiroit avec raison de cette disposition une preuve de bon naturel. Mais il ne s'arrêtoit pas là et il accusoit décidément de mauvois naturel et de méchanceté tous ceux qui n'avoient pas le même goût, au point de dire que si l'on interrogeoit là-dessus ceux qu'on mène au gibet ou à la roue tous conviendroient qu'ils n'avoient pas aimé les enfans. Ces assertions faisoient un effet singulier dans la place où elles étaient. Supposant tout cela vrai était-ce là l'occasion de le dire et fallait-il souiller l'éloge d'une femme estimable des images de supplice et de malfaiteur ? Je compris aisément le motif de cette affectation vilaine et quand M. P. eut fini de lire, en relevant ce qui m'avoit paru bien dans l'éloge j'ajoutai que l'auteur en l'écrivant avoit dans le cœur moins d'amitié que de haine.

Le lendemain le tems étant assez beau quoique froid, j'allai faire une course jusqu'à l'école militaire, comptant d'y trouver des mousses en pleine fleur. En allant, je rêvois sur la visite de la veille et sur l'écrit de M. d'Alembert où je pensais bien que le placage épisodique n'avoit pas été mis sans dessein, et la seule affectation de m'apporter cette brochure à moi à qui l'on cache tout, m'apprenoit assez quel en étoit l'objet. J'avois mis mes enfans aux Enfans-Trouvés, c'en étoit assez pour m'avoir travesti en père dénaturé, et de là, en étendant et caressant cette idée, on en avoit peu-à-peu tiré la conséquence évidente que je haïssais les enfans ; en suivant par la pensée la chaîne de ces gradations j'admirois avec quel art l'industrie humaine soit changer les choses du blanc au noir. Car je ne crois pas que jamais homme oit plus aimé que moi à voir de petits bambins folâtrer et jouer ensemble, et souvent dans la rue et aux promenades je m'arrête à regarder leur espièglerie et leurs petits jeux avec un intérêt que je ne vois partager à personne. Le jour même où vint M. P., une heure avant sa visite j'avois eu celle des deux petits du Soussoi les plus jeunes enfans de mon hôte, dont l'aîné peut avoir sept ans : ils étoient venus m'embrasser de si bon cœur et je leur avois rendu si tendrement leurs caresses que malgré la disparité des âges ils avoient paru se plaire avec moi sincèrement, et pour moi j'étois transporté d'aise de voir que ma vieille figure ne les avoit pas rebutés. Le cadet même paroissoit revenir à moi si volontiers que, plus enfant qu'eux, je me sentois attacher à lui déjà par préférence et je le vis partir avec autant de regret que s'il m'eût appartenu.

Je comprends que le reproche d'avoir mis mes enfans aux Enfans-Trouvés a facilement dégénéré, avec un peu de tournure, en celui d'être un père dénaturé et de haïr les enfans. Cependant il est sûr que c'est la crainte d'une destinée pour eux mille fois pire et presque inévitable par toute autre voie qui m'a le plus déterminé dans cette démarche. Plus indifférent sur ce qu'ils deviendroient et hors d'état de les élever moi-même, il auroit fallu dans ma situation les laisser élever par leur mere qui les auroit gâtés et par sa famille qui en auroit fait des monstres. Je frémis encore d'y penser. Ce que Mahomet fit de Séide n'est rien auprès de ce qu'on auroit fait d'eux à mon égard, et les pièges qu'on m'a tendus là-dessus dans la suite me confirment assez que le projet en avoit été formé. À la vérité j'étois bien éloigné de prévoir alors ces trames atroces : mais je savois que l'éducation pour eux la moins périlleuse étoit celle des Enfant-Trouvés et je les y mis. Je le ferois encore avec bien moins de doute aussi si la chose étoit à faire et je sais bien que nul père n'est plus tendre que je l'aurois été pour eux, pour peu que l'habitude eût aidé la nature.

Si j'ai fait quelque progrès dans la connaissance du cœur humain, c'est le plaisir que j'avois à voir et observer les enfans qui m'a valu cette connaissance. Ce même plaisir dans ma jeunesse y a mis une espèce d'obstacle, car je jouais avec les enfans si gaiement et de si bon cœur que je ne songeais guère à les étudier. Mais quand en vieillissant j'ai vu que ma figure caduque les inquiétait, je me suis abstenu de les importuner, et j'ai mieux aimé me priver d'un plaisir que de troubler leur joie et content alors de me satisfaire en regardant leurs jeux et tous leurs petits manèges, j'ai trouvé le dédommagement de mon sacrifice dans les lumières que ces observations m'ont fait acquérir sur les premiers et vrois mouvemens de la nature auxquels tous nos savans ne connaissent rien. J'ai consigné dans mes écrits la preuve que je m'étois occupé de cette recherche trop soigneusement pour ne l'avoir pas faite avec plaisir, et ce seroit assurément la chose du monde la plus incroyable que l'Héloïse et l'Emile fussent l'ouvrage d'un homme qui n'aimoit pas les enfans.

Je n'eus jamais ni présence d'esprit ni facilité de parler ; mais depuis mes malheurs ma langue et ma tête se sont de plus en plus embarrassées. L'idée et le mot propre m'échappent également, et rien n'exige un meilleur discernement et un choix d'expression plus justes que les propos qu'on tient aux enfans. Se qui augmente encore en moi cet embarras est l'attention des écoutans, les interprétations et le poids qu'ils donnent à tout ce qui part d'un homme qui, ayant écrit expressément pour les enfans, est supposé ne devoir leur parler que par oracles. Cette gêne extrême et l'inaptitude que je me sens me trouble, me déconcerte et je serois bien plus à mon aise devant un monarque d'Asie que devant un bambin qu'il faut faire babiller.

Un autre inconvénient me tient maintenant plus éloigné d'eux, et depuis mes malheurs je les vois toujours avec le même plaisir, mais je n'ai plus avec eux la même familiarité. Les enfans n'aiment pas la vieillesse, l'aspect de la nature défaillante est hideux à leurs yeux, leur répugnance que j'aperçois me navre et j'aime mieux m'abstenir de les caresser que de leur donner de la gêne ou du dégoût. Ce motif qui n'agit que sur des ames vraiment aimantes est nul pour tous nos docteurs et doctoresses. Madame Geoffrin s'embarrassoit fort peu que les enfans eussent du plaisir avec elle pourvu qu'elle en eût avec eux. Mais pour moi ce plaisir est pis que nul, il est négatif quand il n'est pas partagé, et je ne suis plus dans la situation ni dans l'âge où je voyais le petit cœur d'un enfant s'épanouir avec le mien. Si cela pouvoit m'arriver encore, ce plaisir devenu plus rare n'en seroit pour moi que plus vif : je l'éprouvois bien l'autre matin par celui que je prenois à caresser les petits du Soussoi, non seulement parce que la bonne qui les conduisoit ne m'en imposoit pas beaucoup et que je sentois moins le besoin de m'écouter devant elle, mais encore parce que l'air jovial avec lequel ils m'abordèrent ne les quitta point, et qu'ils ne parurent ni se déplaire ni s'ennuyer avec moi.

Oh ! si j'avois encore quelques momens de pures caresses qui vinssent du cœur ne fût-ce que d'un enfant encore en jaquette, si je pouvois voir encore dans quelques yeux la joie et le contentement d'être avec moi, de combien de maux et de peines ne me dédommageroient pas ces courts mais doux épanchemens de mon cœur ? Ah ! je ne serois pas obligé de chercher parmi les animaux le regard de la bienveillance qui m'est désormais refusé parmi les humains. J'en puis juger sur bien peu d'exemples, mais toujours chers à mon souvenir. En voici un qu'en tout autre état j'aurois oublié presque et dont l'impression qu'il a faite sur moi peint bien toute ma misere.

Il y a deux ans que, m'étant allé promener du côté de la Nouvelle-France, je poussai plus loin, puis, tirant à gauche et voulant tourner autour de Montmartre, je traversai le village de Clignancourt. Je marchais distroit et rêvant sans regarder autour de moi quand tout à coup je me sentis saisir les genoux. Je regarde et je vois un petit enfant de cinq ou six ans qui serroit mes genoux de toute sa force en me regardant d'un air si familier et si caressant que mes entrailles s'émurent ; je me disais : C'est ainsi que j'aurois été traité des miens. Je pris l'enfant dans mes bras, je le baisai plusieurs fois dans une espèce de transport et puis je continuai mon chemin. Je sentois en marchant qu'il me manquoit quelque chose, Un fort besoin naissant me ramenoit sur mes pas. Je me reprochais d'avoir quitté si brusquement cet enfant, je croyais voir dans son action sans cause apparente une sorte d'inspiration qu'il ne falloit pas dédaigner. Enfin, cédant à la tentation, je reviens sur mes pas, je cours à l'enfant, je l'embrasse de nouveau et je lui donne de quoi acheter des petits pains de Nanterre dont le marchand passoit là par hasard, et je commençai à le faire jaser. Je lui demandai qui étoit son père ; il me le montra qui relioit des tonneaux. J'étois prêt à quitter l'enfant pour aller lui parler quand je vis que j'avois été prévenu par un homme de mauvaise mine qui me parut être une de ces mouches qu'on tient sans cesse à mes trousses. Tandis que cet homme lui parloit à l'oreille, je vis les regards du tonnelier se fixer attentivement sur moi d'un air qui n'avoit rien d'amical. Cet objet me resserra le cœur à l'instant et je quittai le père et l'enfant avec plus de promptitude encore que je n'en avois mis à revenir sur mes pas, mais dans un trouble moins agréable qui changea toutes mes dispositions. Je les ai pourtant senties renaître souvent depuis lors, je suis repassé plusieurs fois par Clignancourt dans l'espérance d'y revoir cet enfant, mais je n'ai plus revu ni lui ni le père, et il ne m'est plus resté de cette rencontre qu'un souvenir assez vif, mêlé toujours de douceur et de tristesse, comme toutes les émotions qui pénètrent encore quelquefois jusqu'à mon cœur.

Il y a compensation à tout. Si mes plaisirs sont rares et courts, je les goûte aussi plus vivement quand ils viennent que s'ils m'étoient plus familiers ; je les rumine pour ainsi dire par de fréquents souvenirs, et quelque rares qu'ils soient, s'ils étoient purs et sans mélange je serois plus heureux peut-être que dans ma prospérité. Dans l'extrême misere on se trouve riche de peu. Un gueux qui trouve un écu en est plus affecté que ne le seroit un riche en trouvant une bourse d'or. On riroit si l'on voyoit dans mon ame l'impression qu'y font les moindres plaisirs de cette espèce que je puis dérober à la vigilance de mes persécuteurs. Un des plus doux s'offrit il y a quatre ou cinq ans, que je ne me rappelle jamais sans me sentir ravi d'aise d'en avoir si bien profité.

Un dimanche nous étions allés, ma femme et moi dîner à la porte Maillot. Après le dîner nous traversâmes le bois de Boulogne jusqu'à la Muette, là nous nous assîmes sur l'herbe à l'ombre en attendant que le soleil fût baissé pour nous en retourner ensuite tout doucement par Passy. Une vingtaine de petites filles conduites par une maniere de religieuse vinrent les unes s'asseoir, les autres folâtrer assez près de nous. Durant leurs jeux vint à passer un oublieur avec son tambour et son tourniquet, qui cherchoit pratique. Je vis que les petites filles convoitoient fort les oublies, et deux ou trois d'entre elles, qui apparemment possédoient quelques liards, demanderent la permission de jouer. Tandis que la gouvernante hésitoit et disputait, j'appellai l'Oublieur et je lui dis : faites tirer toutes ces demoiselles chacune à son tour et je vous paierai le tout. Ce mot répandit dans toute la troupe une joie qui seule eût plus que payé ma bourse quand je l'aurois toute employée à cela.

Comme je vis qu'elles s'empressoient avec un peu de confusion, avec l'agrément de la gouvernante je les fis ranger toutes d'un côté, et puis passer de l'autre côté l'une après l'autre à mesure qu'elles avoient tiré. Quoiqu'il n'y eût point de billet blanc et qu'il revînt au moins une oublie à chacune de celles qui n'auroient rien, qu'aucune d'elles ne pouvoit être absolument mécontente, afin de rendre la fête encore plus gaie, je dis en secret à l'oublieur d'user de son adresse ordinaire en sens contraire en faisant tomber autant de bons lots qu'il pourroit, et que je lui en tiendrois compte. Au moyen de cette prévoyance, il y eut tout près d'une centaine d'oublies distribués, quoique les jeunes filles ne tirassent chacune qu'une seule fois, car là-dessus je fus inexorable, ne voulant ni favoriser des abus ni marquer des préférences qui produiroient des mécontentemens. Ma femme insinua à celles qui avoient de bons lots d'en faire part à leurs camarades, au moyen de quoi le partage devint presque égal et la joie plus générale.

Je priai la religieuse de vouloir bien tirer à son tour, craignant fort qu'elle ne rejetât dédaigneusement mon offre ; elle l'accepta de bonne grâce, tira comme les pensionnaires et prit sans façon ce qui lui revint. Je lui en sus un gré infini, et je trouvai à cela une sorte de politesse qui me plut fort et qui vaut bien, je crois, celle des simagrées. Pendant toute cette opération il y eut des disputes qu'on porta devant mon tribunal, et ces petites filles venant plaider tour à tour leur cause me donnerent occasion de remarquer que, quoiqu'il n'y en eût aucune de jolie, la gentillesse de quelques-unes faisoit oublier leur laideur.

Nous nous quittâmes enfin très-contents les uns des autres, et cet après-midi fut un de ceux de ma vie dont je me rappelle le souvenir avec le plus de satisfaction. La fête au reste ne fut pas ruineuse, pour trente sous qu'il m'en coûta tout au plus, il y eut pour plus de cent écus de contentement. Tant il est vrai que le vrai plaisir ne se mesure pas sur la dépense et que la joie est plus amie des liards que des louis. Je suis revenu plusieurs fois à la même place à la même heure, espérant d'y rencontrer encore la petite troupe, mais cela n'est plus arrivé.

Ceci me rappelle un autre amusement à peu près de même espèce dont le souvenir m'est resté de beaucoup plus loin. C'étoit dans le malheureux tems où, faufilé parmi les riches et les gens de lettres, j'étois quelquefois réduit à partager leurs tristes plaisirs. J'étois à la Chevrette au tems de la fête du maître de la maison ; toute sa famille s'étoit réunie pour la célébrer, et tout l'éclat des plaisirs bruyans fut mis en œuvre pour cet effet. Spectacles, festins, feux d'artifice, rien ne fut épargné. L'on n'avoit pas le tems de prendre haleine et l'on s'étourdissoit au lieu de s'amuser. Après le dîner on alla prendre l'air dans l'avenue où se tenoit une espèce de foire. On dansoit, les messieurs daignerent danser avec les paysannes, mais les dames garderent leur dignité. On vendoit là des pains d'épice. Un jeune homme de la compagnie s'avisa d'en acheter pour les lancer l'un après l'autre au milieu de la foule, et l'on prit tant de plaisir à voir tous ces manans se précipiter, se battre, se renverser pour en avoir, que tout le monde voulut se donner le même plaisir. Et pains d'épice de voler à droite et à gauche, et filles et garçons de courir, de s'entasser et s'estropier, cela paroissoit charmant à tout le monde. Je fis comme les autres par mauvaise honte, quoique en dedans je ne m'amusasse pas autant qu'eux. Mais bientôt ennuyé de vider ma bourse pour faire écraser les gens, je laissai là la bonne compagnie et je fus me promener seul dans la foire. La variété des objets m'amusa long-tems. J'aperçus entre autres cinq ou six Savoyards autour d'une petite fille qui avoit encore sur son éventaire une douzaine de chétives pommes dont elle auroit bien voulu se débarrasser. Les Savoyards de leur côté auroient bien voulu l'en débarrasser, mais ils n'avoient que deux ou trois liards à eux tous et ce n'étoit pas de quoi faire une grande brèche aux pommes. Cet éventaire étoit pour eux le jardin des Hespérides, et la petite fille étoit le dragon qui les gardait. Cette comédie m'amusa long-tems ; j'en fis enfin le dénouement en payant les pommes à la petite fille et les lui faisant distribuer aux petits garçons. J'eus alors un des plus doux spectacles qui puissent flatter un cœur d'homme, celui de voir la joie unie avec l'innocence de l'âge se répandre tout autour de moi. Car les spectateurs même en la voyant la partagèrent, et moi qui partageais à si bon marché cette joie, j'avois de plus celle de sentir qu'elle étoit mon ouvrage. En comparant cet amusement avec ceux que je venois de quitter, je sentois avec satisfaction la différence qu'il y a des goûts sains et des plaisirs naturels à ceux que fait naître l'opulence, et qui ne sont guère que des plaisirs de moquerie et des goûts exclusifs engendrés par le mépris. Car quelle sorte de plaisir pouvait-on prendre à voir des troupeaux d'hommes avilis par la misere s'entasser, s'estropier brutalement pour s'arracher avidement quelques morceaux de pains d'épice foulés aux pieds et couverts de boue ?

De mon côté, quand j'ai bien réfléchi sur l'espèce de volupté que je goûtois dans ces sortes d'occasions, j'ai trouvé qu'elle consistoit moins dans un sentiment de bienfaisance que dans le plaisir de voir des visages contents. Cet aspect a pour moi un charme qui, bien qu'il pénètre jusqu'à mon cœur, semble être uniquement de sensation. Si je ne vois la satisfaction que je cause, quand même j'en serois sûr je n'en jouirois qu'à demi. C'est même pour moi un plaisir désintéressé qui ne dépend pas de la part que j'y puis avoir. Car dans les fêtes du peuple celui de voir des visages gais m'a toujours vivement attiré. Cette attente a pourtant été souvent frustrée en France où cette nation qui se prétend si gaie montre peu cette gaieté dans ses jeux. Souvent j'allois jadis aux guinguettes pour y voir danser le menu peuple : mais ses danses étoient si maussades, son maintien si dolent, si gauche, que j'en sortois plutôt contristé que réjoui. Mais à Genève et en Suisse, où le rire ne s'évapore pas sans cesse en folles malignités, tout respire le contentement et la gaieté dans les fêtes, la misere n'y porte point son hideux aspect. Le faste n'y montre pas non plus son insolence. Le bien-être, la fraternité, la concorde y disposent les cœurs à s'épanouir, et souvent dans les transports d'une innocente joie les inconnus s'accostent, s'embrassent et s'invitent à jouir de concert des plaisirs du jour. Pour jouir moi-même de ces aimables fêtes, je n'ai pas besoin d'en être, il me suffit de les voir ; en les voyant, je les partage ; et parmi tant de visages gais, je suis bien sûr qu'il n'y a pas un cœur plus gai que le mien.

Quoique ce ne soit là qu'un plaisir de sensation il a certainement une cause morale, et la preuve en est que ce même aspect, au lieu de me flatter, de me plaire, peut me déchirer de douleur et d'indignation quand je sais que ces signes de plaisir et de joie sur les visages des méchans ne sont que des marques que leur malignité est satisfaite. La joie innocente est la seule dont les signes flattent mon cœur. Ceux de la cruelle et moqueuse joie le navrent et l'affligent quoiqu'elle n'oit nul rapport à moi. Ces signes sans doute ne sauroient être exactement les mêmes, partant de principes si différents : mais enfin ce sont également des signes de joie, et leurs différences sensibles ne sont assurément pas proportionnelles à celles des mouvemens qu'ils excitent en moi.

Ceux de douleur et de peine me sont encore plus sensibles, au point qu'il m'est impossible de les soutenir sans être agité moi-même d'émotions peut-être encore plus vives que celles qu'ils représentent. L'imagination renforçant la sensation m'identifie avec l'être souffrant et me donne souvent plus d'angoisse qu'il n'en sent lui-même. Un visage mécontent est encore un spectacle qu'il m'est impossible de soutenir, sur-tout si j'ai lieu de penser que ce mécontentement me regarde. Je ne saurois dire combien l'air grognard et maussade des valets qui servent en rechignant m'a arraché d'écus dans les maisons où j'avois autrefois la sottise de me laisser entraîner, et où les domestiques m'ont toujours fait payer bien chèrement l'hospitalité des maîtres. Toujours trop affecté des objets sensibles et sur-tout de ceux qui portent signe de plaisir ou de peine, de bienveillance ou d'aversion, je me laisse entraîner par ces impressions extérieures sans pouvoir jamais m'y dérober autrement que par la fuite. Un signe, un geste, un coup d'œil d'un inconnu suffit pour troubler mes plaisirs ou calmer mes peines je ne suis à moi que quand je suis seul, hors de là je suis le jouet de tous ceux qui m'entourent.

Je vivois jadis avec plaisir dans le monde quand je n'y voyois dans tous les yeux que bienveillance, ou tout au pis indifférence dans ceux à qui j'étois inconnu. Mais aujourd'hui qu'on ne prend pas moins de peine à montrer mon visage au peuple qu'à lui masquer mon naturel, je ne puis mettre le pied dans la rue sans m'y voir entouré d'objets déchirans ; je me hâte de gagner à grands pas la campagne ; sitôt que je vois la verdure, je commence à respirer. Faut-il s'étonner si j'aime la solitude ? Je ne vois qu'animosité sur les visages des hommes, et la nature me rit toujours.

Je sens pourtant encore, il faut l'avouer, du plaisir à vivre au milieu des hommes tant que mon visage leur est inconnu. Mais c'est un plaisir qu'on ne me laisse guère. J'aimais encore il y a quelques années à traverser les villages et à voir au matin les laboureurs raccommoder leurs fléaux ou les femmes sur leur porte avec leurs enfans. Cette vue avoit je ne sais quoi qui touchoit mon cœur. Je m'arrêtois quelquefois, sans y prendre garde, à regarder les petits manèges de ces bonnes gens, et je me sentois soupirer sans savoir pourquoi. J'ignore si l'on m'a vu sensible à ce petit plaisir et si l'on a voulu me l'ôter encore, mais au changement que j'aperçois sur les physionomies à mon passage, et à l'air dont je suis regardé, je suis bien forcé de comprendre qu'on a pris grand soin de m'ôter cet incognito. La même chose m'est arrivée et d'une façon plus marquée encore aux Invalides. Ce bel établissement m'a toujours intéressé. Je ne vois jamais sans attendrissement et vénération ces groupes de bons vieillards qui peuvent dire comme ceux de Lacédémone :

Nous avons été jadis

Jeunes, vaillans et hardis.

Une de mes promenades favorites étoit autour de l'Ecole militaire et je rencontrois avec plaisir çà et là quelques invalides qui, ayant conservé l'ancienne honnêteté militaire, me saluoient en passant. Ce salut que mon cœur leur rendoit au centuple me flattoit et augmentoit le plaisir que j'avois à les voir. Comme je ne sais rien cacher de ce qui me touche je parlois souvent des invalides et de la façon dont leur aspect m'affectait. Il n'en fallut pas davantage. Au bout de quelque tems je m'aperçus que je n'étois plus un inconnu pour eux, ou plutôt que je le leur étois bien davantage puisqu'ils me voyoient du même œil que fait le public. Plus d'honnêteté, plus de salutations. Un air repoussant, un regard farouche avoient succédé à leur premiere urbanité. L'ancienne franchise de leur métier ne leur laissant pas comme aux autres couvrir leur animosité d'un masque ricaneur et traître ils me montrent tout ouvertement la plus violente haine et tel est l'excès de ma misere que je suis forcé de distinguer dans mon estime ceux qui me déguisent le moins leur fureur.

Depuis lors je me promène avec moins de plaisir du côté des Invalides, cependant, comme mes sentimens pour eux ne dépendent pas des leurs pour moi, je ne vois jamais sans respect et sans intérêt ces anciens défenseurs de leur patrie : mais il m'est bien dur de me voir si mal payé de leur part de la justice que je leur rends. Quand par hasard j'en rencontre quelqu'un qui a échappé aux instructions communes, ou qui ne connaissant pas ma figure ne me montre aucune aversion, l'honnête salutation de ce seul-là me dédommage du maintien rébarbatif des autres. Je les oublie pour ne m'occuper que de lui, et je m'imagine qu'il a une de ces ames comme la mienne où la haine ne sauroit pénétrer. J'eus encore ce plaisir l'année derniere en passant l'eau pour m'aller promener à l'île aux Cygnes. Un pauvre vieux invalide dans un bateau attendoit compagnie pour traverser. Je me présentai ; je dis au batelier de partir. L'eau étoit forte et la traversée fut longue. Je n'osais presque pas adresser la parole à l'invalide de peur d'être rudoyé et rebuté comme à l'ordinaire, mais son air honnête me rassura. Nous causâmes. Il me parut homme de sens et de mœurs. Je fus surpris et charmé de son ton ouvert et affable, je n'étois pas accoutumé à tant de faveur ; ma surprise cessa quand j'appris qu'il arrivoit tout nouvellement de province. Je compris qu'on ne lui avoit pas encore montré ma figure et donné ses instructions. Je profitai de cet incognito pour converser quelques momens avec un homme et je sentis à la douceur que j'y trouvois combien la rareté des plaisirs les plus communs est capable d'en augmenter le prix. En sortant du bateau il préparoit ses deux pauvres liards. Je payai le passage et le priai de les resserrer en tremblant de le cabrer. Cela n'arriva point au contraire il parut sensible à mon attention et sur-tout à celle que j'eus encore, comme il étoit plus vieux que moi, de lui aider à sortir du bateau. Qui croiroit que je fus assez enfant pour en pleurer d'aise ? Je mourois d'envie de lui mettre une pièce de vingt-quatre sous dans la main pour avoir du tabac ; je n'osai jamais. La même honte qui me retint m'a souvent empêché de faire de bonnes actions qui m'auroient comblé de joie et dont je ne me suis abstenu qu'en déplorant mon imbécillité. Cette fois, après avoir quitté mon vieux invalide, je me consolai bientôt en pensant que j'aurois pour ainsi dire agi contre mes propres principes en mêlant aux choses honnêtes un prix d'argent qui dégrade leur noblesse et souille leur désintéressement. Il faut s'empresser de secourir ceux qui en ont besoin, mais dans le commerce ordinaire de la vie laissons la bienveillance naturelle et l'urbanité faire chacune leur œuvre sans que jamais rien de vénal et de mercantile ose approcher d'une si pure source pour la corrompre ou pour l'altérer. On dit qu'en Hollande le peuple se fait payer pour vous dire l'heure et pour vous montrer le chemin. Ce doit être un bien méprisable peuple que celui qui trafique ainsi des plus simples devoirs de l'humanité.

J'ai remarqué qu'il n'y a que l'Europe seule où l'on vende l'hospitalité. Dans toute l'Asie on vous loge gratuitement. Je comprends qu'on n'y trouve pas si bien toutes ses aises. Mais n'est-ce rien que de se dire, je suis homme et reçu chez des humains ? C'est l'humanité pure qui me donne le couvert. Les petites privations s'endurent sans peine, quand le cœur est mieux traité que le corps.

PROMENADE X

Aujourd'hui jour de Pâques fleuries, il y a précisément cinquante ans de ma premiere connoissance avec Madame de Warens. Elle avoit vingt-huit ans alors, étant née avec le siecle. Je n'en avois pas encore dix-sept, et mon tempérament naissant, mais que j'ignorois encore, donnoit une nouvelle chaleur à un cœur naturellement plein de vie. S'il n'étoit pas étonnant qu'elle conçût de la bienveillance pour un jeune homme vif, mais doux et modeste, d'une figure assez agréable, il l'étoit encore moins qu'une femme charmante, pleine d'esprit et de graces, m'inspirât avec la reconnoissance, des sentimens plus tendres que je n'en distinguois pas. Mais ce qui est moins ordinaire, est que ce premier moment décida de moi pour toute ma vie, et produisit par un enchaînement inévitable le destin du reste de mes jours. Mon ame dont mes organes n'avoient point développé les plus précieuses facultés, n'avoit encore aucune forme déterminée. Elle attendoit dans une sorte d'impatience le moment qui devoit la lui donner, et ce moment accéléré par cette rencontre ne vint pourtant pas si-tôt ; et dans la simplicité de mœurs que l'éducation m'avoit donnée, je vis long-tems prolonger pour moi cet état délicieux mais rapide, où l'amour et l'innocence habitent le même cœur. Elle m'avoit éloigné. Tout me rappeloit à elle. Il y fallut revenir. Ce retour fixa ma destinée, et long-tems encore avant de la posséder, je ne vivois plus qu'en elle et pour elle. Ah ! si j'avois suffi à son cœur, comme elle suffisoit au mien ! Quels paisibles et délicieux jours nous eussions coulés ensemble ! Nous en avons passés de tels, mais qu'ils ont été courts et rapides, et quel destin les a suivis ! Il n'y a pas de jour où je ne me rappelle avec joie et attendrissement cet unique et court tems de ma vie où je fus moi pleinement, sans mélange, et sans obstacle, et où je puis véritablement dire avoir vécu. Je puis dire, à-peu-près comme ce Préfet du Prétoire qui, disgracié sous Vespasien, s'en alla finir paisiblement ses jours à la campagne ; j'ai passé soixante et dix ans sur la terre et j'en ai vécu sept. Sans ce court mais précieux espace je serois resté peut-être incertain sur moi ; car tout le reste de ma vie, facile et sans résistance, j'ai été tellement agité, ballotté, tiraillé par les passions d'autrui que, presque passif dans une vie aussi orageuse, j'aurois peine à démêler ce qu'il y a du mien dans ma propre conduite, tant la dure nécessité n'a cessé de s'appesantir sur moi. Mais durant ce petit nombre d'années, aimé d'une femme pleine de complaisance et de douceur, je fis ce que je voulois faire, je fus ce que je voulois être, et par l'emploi que je fis de mes loisirs, aidé de ses leçons et de son exemple, je sus donner à mon ame, encore simple et neuve, la forme qui lui convenoit davantage, et qu'elle a gardée toujours. Le goût de la solitude et de la contemplation naquit dans mon cœur avec les sentimens expansifs et tendres faits pour être son aliment. Le tumulte et le bruit les resserrent et les étouffent, le calme et la paix les raniment et les exaltent. J'ai besoin de me recueillir pour aimer. J'engageai Maman à vivre à la campagne. Une maison isolée au penchant d'un vallon fut notre asyle, et c'est-là que dans l'espace de quatre ou cinq ans j'ai joui d'un siecle de vie, et d'un bonheur pur et plein qui couvre de son charme tout ce que mon sort présent a d'affreux. J'avois besoin d'une amie selon mon cœur, je la possédois. J'avois desiré la campagne, je l'avois obtenue. Je ne pouvois souffrir l'assujettissement, j'étois parfaitement libre et mieux que libre, car assujetti par mes seuls attachemens, je ne faisois que ce que je voulois faire. Tout mon tems étoit rempli par des soins affectueux ou par des occupations champêtres. Je ne desirois rien que la continuation d'un état si doux ; ma seule peine étoit la crainte qu'il ne durât pas long-tems, et cette crainte née de la gêne de notre situation n'étoit pas sans fondement. Dès-lors je songeai à me donner en même tems des diversions sur cette inquiétude, et des ressources pour en prévenir l'effet. Je pensai qu'une provision de talens étoit la plus sure ressource contre la misere, et je résolus d'employer mes loisirs à me mettre en état, s'il étoit possible, de rendre un jour à la meilleure des femmes, l'assistance que j'en avois reçue.

FIN

11732696R00054

Printed in Great Britain
by Amazon.co.uk, Ltd.,
Marston Gate.